INTRODUÇÃO BÍBLICA

A VONTADE DE DEUS
ATRAVÉS DE SUA PALAVRA ESCRITA

Roberto dos Reis

INSTITUTO BÍBLICO DAS ASSEMBLEIAS DE DEUS

©2006, Roberto dos Reis
Título original:

INTRODUÇÃO BÍBLICA - A vontade de Deus através de Sua Palavra escrita

8ª Reimpressão 2015

Todos os direitos reservados por
IBAD – Instituto Bíblico das Assembleias de Deus
Rua São João Bosco, 1114 – Santana
12403-010 – Pindamonhangaba, SP
Telefax – (12) 3642-5188
www.ibad.com.br

PROIBIDA A REPRODUÇÃO POR QUAISQUER MEIOS, SALVO EM BREVES CITAÇÕES, COM INDICAÇÃO DA FONTE.

Impresso no Brasil

Coordenação
Mark Jonathan Lemos

Todas as citações bíblicas foram extraídas da versão revista e corrigida, salvo indicação ao contrário.

Dados Internacionais de catalogação na publicação (cip)
(Câmara Brasileira do Livro, SP, Brasil)

Costa Santos, Roberto dos Reis
INTRODUÇÃO BÍBLICA - A vontade de Deus através de Sua Palavra escrita.
Pindamonhangaba: IBAD, 2006

ISBN – 85-60068-05-8

Índice para catálogo sistemático
1- Origem da Bíblia: Teologia: Cristianismo: Religião.

INTRODUÇÃO BÍBLICA

A VONTADE DE DEUS
ATRAVÉS DE SUA PALAVRA ESCRITA

Roberto dos Reis

CURSO DE TEOLOGIA A DISTÂNCIA

INSTITUTO BÍBLICO DAS ASSEMBLEIAS DE DEUS

Sobre o livro

Categoria – Religião

Fim da execução – Novembro de

2006
8ª Reimpressão Abril de 2015

Formato – 16 x 23 cm
Mancha – 12,3 x 19,2 cm

Tipo e corpo: Garamond
Papel: Offset 75g/m2
Tiragem: 5000 exemplares

Impresso no Brasil – Printed in Brazil

Equipe de Realização

Produção gráfica: Imprensa da Fé
Supervisão: Mark Jonathan Lemos
Fotolito: MJ Serviços de composição

Produção editorial
Coordenação
Mark Jonathan Lemos

Normalização do Texto
Nadirce Barros dos Santos Gregório

Revisão de Português
Sílvia Helena Siqueira

Capa
Heitor Galvão Souza Beckman

Todas as imagens publicadas neste livro foram cedidas pela Editora Vida

Sumário

APRESENTAÇÃO 7
AGRADECIMENTO 9
COMO ESTUDAR A DISTÂNCIA 11
INTRODUÇÃO 15

UNIDADE I - ORIGEM, DESENVOLVIMENTO E
FUNDAMENTOS DAS SAGRADAS ESCRITURAS 17
1. As Origens 19
2. Origem e Relevância dos Idiomas Bíblicos 27
3. As Origens dos Materiais Utilizados nos Manuscritos 35
4. A Necessidade de Uma Coletânea Canônica 41
5. O Cânon Sagrado: Origem, Processo e Desenvolvimento 49

UNIDADE II - A INSPIRAÇÃO DAS ESCRITURAS SAGRADAS
.... 57
1. Inspiração Bíblica: Definição, Características e Relações 59
2. Inspiração: Particularidades e Provas 67
3. A Inspiração do Antigo e Novo Testamento 75
4. Inspiração Bíblica e as Diversas Teorias 85
5. Inspiração Verbal Plenária 93

UNIDADE III - OS LIVROS APÓCRIFOS E OUTRAS QUESTÕES 99
1. Apócrifos: Fruto da Obscuridade 101
2. Apócrifos do Antigo Testamento 109
3. Apócrifos do Novo Testamento 123
4. A Igreja e os Apócrifos 131
5. Livros Desaparecidos e Outros Apócrifos 141

UNIDADE IV - OS MANUSCRITOS, AS TRADUÇÕES E AS ATUAIS QUESTÕES BÍBLICAS 151
1. Os Manuscritos do Antigo Testamento 153
2. Os Manuscritos do Novo Testamento 161
3. As Principais Traduções 171
4. Verdades e Mentiras Sobre a Crítica Bíblica 183
5. A Bíblia: Resumos e Dados Auxiliares 191

CONCLUSÃO 219
QUESTIONÁRIO DAS UNIDADES 221
REFERÊNCIAS BIBLIOGRÁFICAS 231

Apresentação

Em 15 de Outubro de 1958, começava a tomar forma o sonho e a visão dada por Deus aos missionários João Kolenda Lemos e sua esposa, Ruth Doris Lemos. Nesta data, nasceu o IBAD, com o objetivo de proporcionar aos jovens vocacionados a oportunidade de se preparem para melhor servir o Senhor.

Na trajetória destas cinco décadas, o IBAD tem se mantido fiel à sua missão. Hoje, mais de quatro mil ex-alunos trabalham na Seara do Mestre como pastores, missionários, evangelistas, autores, conferencistas e em outras áreas do serviço cristão. Estes homens e mulheres atuam em todos os estados do Brasil e em 31 nações. O sol nunca se põe sobre os ex-alunos do IBAD.

Atento às necessidades educacionais da Igreja, o IBAD desenvolveu um projeto para atender um público que deseja um maior conhecimento e preparo na Palavra de Deus. Esse projeto é denominado *Curso de Teologia a Distância*, apresentado em 24 livros que oferecem ao estudante a oportunidade de obter uma base sólida para o serviço cristão.

Essa coleção teológica é fruto de meio século de experiência, tradição e qualidade no ensino da Palavra de Deus. Os autores dessa coleção são professores e ex-alunos do IBAD, homens e mulheres ativos no ministério do ensino teológico, que promovem, dessa forma, a visão e a missão dessa Instituição.

Este livro foi produzido pelo pastor Roberto dos Reis. Após concluir seus estudos teológicos no IBAD, continuou-os na área de ciências da religião. Através dos anos tem se dedicado ao ministério pastoral e de ensino da Palavra, e atualmente leciona no IBAD.

O apóstolo Paulo declara em IITm 2.15 – *"Procura apresentar-te a Deus aprovado, como obreiro que não tem de que se envergonhar, que maneja bem a palavra da verdade".* Tenho certeza que este livro, bem como toda a coleção teológica, será de grande valor para sua edificação espiritual e seu embasamento na formação ministerial.

Mark Jonathan Lemos
Diretor do IBAD

Agradecimento

O Instituto Bíblico das Assembleias de Deus é um projeto missionário, com meio século de atividade educacional dedicado à igreja brasileira. Somos gratos a Deus pela visão, dedicação e cooperação de igrejas e pessoas para com esta obra.

Em especial fazemos menção de um dos colaboradores, a BGMC – Boys and Girls Missionary Crusade (Departamento Infantil das Assembleias de Deus dos Estados Unidos), em Springfield, Missouri, liderada pelo Pastor David Boyd. Através dos anos este departamento tem prestigiado fielmente a Obra de Deus em Pindamonhangaba, especialmente com a implantação do Curso de Teologia a Distancia.

Externamos nossos agradecimentos a BGMC e ao Pastor Boyd por sua liderança e participação neste projeto. O Senhor continue abençoando e prosperando ricamente esse ministério.

No Amor de Cristo!

Mark Jonathan Lemos
Diretor

Como estudar a distância

Caro estudante

Nosso curso a distância foi estruturado com o objetivo de atender a todos que desejam ter maior entendimento sobre a Bíblia. Para atingir esse objetivo, tivemos o cuidado de planejar e produzir um material adequado para proporcionar a você a melhor experiência educacional possível. Nesse planejamento, chegamos à conclusão de que os livros deveriam não só ter um bom conteúdo, mas também ser acessível a todas as pessoas que desejam ter maior conhecimento das Escrituras Sagradas. Também observamos a necessidade de atender pessoas de qualquer região do país, com diferentes níveis de conhecimento. A partir de tais critérios, desenvolvemos uma coleção de vinte e quatro livros, a qual se constitui em um curso Básico de Teologia a distância.

Esses vinte e quatro livros, escritos de forma clara e objetiva, apresentam, de modo geral, vinte capítulos divididos em quatro unidades. Em cada unidade e em cada capítulo, há sempre uma introdução para que o leitor tenha ciência do que estudará naquela unidade e naquele capítulo. Tudo isso foi realizado com o intuito de facilitar a leitura. Com esse mesmo intuito, solicitamos que você observe as orientações para o estudo.

1- Recomendações para melhor aproveitamento de seu curso

Esse estudo requer atitudes próprias de qualquer estudante, porém ele tem como objetivo essencial abençoar sua vida cristã e dar-lhe instrumentos para que você desenvolva o ministério cristão com maior eficácia. Isso implica que serão necessárias, de sua parte, atitudes espirituais corretas, tais como:

1) Ore sempre antes de começar a lição. Isso preparará o seu coração para receber não apenas as informações, mas principalmente os princípios que serão úteis na sua vida com Deus.

2) Tenha o cuidado de sempre consultar a Bíblia. A leitura bíblica é primordial e insubstituível. Quanto mais você conhecer a Bíblia pela leitura diária, mais facilidade terá na compreensão de estudos que lhe auxiliarão no conhecimento dela.

3) Tenha sempre uma atitude de humildade. Deus revela verdades importantes àqueles que mantém essa atitude em seus corações.

Além desses cuidados, atente também para a dedicação, a disciplina e a perseverança, atitudes essenciais para a obtenção de êxito em todas atividades. Ao iniciar este curso de Teologia, conscientize-se da importância da manutenção desses princípios para o sucesso de sua aprendizagem. Concentre-se sempre no que estiver fazendo, pois a vida está no presente. O passado é a fonte das experiências, e o futuro, um tempo que deve ser planejado para que, quando transformado em presente, possibilite a colheita do que foi plantado, isto é, a obtenção dos resultados desejados. Se mantivermos tudo isso em mente, teremos sempre grandes chances de alcançarmos nossos objetivos.

2- Regras Básicas para a Compreensão do Texto

A leitura bem sucedida — compreensão de texto — requer do leitor a observância de alguns procedimentos básicos. São eles:

• Leitura do texto – Ao iniciar seu estudo, preste atenção à apresentação do livro e à introdução de cada unidade e de cada capítulo. Isto é importante porque essas introduções facilitarão sua compreensão do texto.

• Leitura de unidades de pensamento – A leitura de palavras, ao contrário da de unidades de pensamento, faz com que o leitor interprete um texto erroneamente. Isto significa que não devemos ler palavra por palavra e sim atentar para a idéia geral do texto.

• Conhecimento do vocabulário – O conhecimento do significado das palavras auxilia todo o processo de leitura. Por isso, tenha sempre à mão um dicionário da língua portuguesa e também um dicionário ou enciclopédia bíblica. É importante que essa consulta ao dicionário seja feita somente após uma primeira leitura do texto para que você não corra o risco de fazer uma leitura com interpretação inadequada.

• Leitura de diversos tipos de texto – A diversidade de textos permite que o leitor não só amplie seus conhecimentos, como também adquira maior habilidade para leitura. Procure ler outros livros que falem sobre o mesmo assunto.

3- Aplicação Pessoal e Avaliação

• Questões para reflexão – Em todos os capítulos, há questões com o objetivo de levar o estudante a refletir sobre os temas abordados, bem como fazer uma aplicação dos mesmos à realidade atual.

• Exercícios – No final de cada livro, o estudante encontrará exercícios relacionados a cada capítulo estudado para a verificação do conhecimento e fixação do conteúdo. Destes exercícios, serão extraídas perguntas que comporão a avaliação final.

Introdução

A Bíblia não é apenas "um" livro. É mais que isso. É a regra de fé e conduta daqueles que, desejosos de conhecer a Deus, tiveram contato com suas páginas e experimentaram o poder transformador de suas palavras. É a bússola que, na longa jornada da perfeição cristã, indica o caminho certo; é pão para o faminto e água para o sedento; é espírito de vida para todos quanto jazem inertes no terrível *"vale de ossos secos"* (Ez.37) e boas novas de salvação a toda humanidade.

Por tudo isso, e muito mais, a Bíblia Sagrada se constitui *o Livro* dos livros, o Livro por excelência; a carta de alforria daqueles que se cansaram das penúrias atrozes que acometem os prisioneiros das "senzalas" do pecado. É impossível sermos os mesmos depois de termos lido suas páginas e auscultado a voz do Espírito que, linha após linha, nos sussurra as grandezas d'Aquele que *"[...] tudo fez, esplendidamente bem"*. E, em virtude dessas verdades irrefutáveis, somos desafiados a percorrer suas páginas e mergulhar na imensidão dos conceitos, exemplos e doutrinas que, tal como notas de uma partitura, vão se sucedendo e compondo uma harmonia perfeita.

Neste trabalho, refletiremos a cerca da origem das Escrituras Sagradas; a forma como, através dos séculos, ela foi sendo redigida por diferentes autores, cada um com seu estilo literário peculiar, vivendo seu momento histórico próprio, mas compartilhando a mesma experiência transformadora (chamado e vocação) que os autorizou na redação de textos inspirados os quais, posteriormente, comporiam o chamado Cânon, a base formativa da Bíblia Sagrada. Nosso objetivo é demonstrar, de forma concisa e direta, os principais temas que envolvem a formação da Bíblia e, mediante as diversas questões de reflexão inseridas a longo de todo o texto, desafiar o leitor a aprofundar seus estudos no presente tema.

Para facilitar o estudo e a reflexão, o livro foi dividido em quatro unidades, cada uma contendo cinco capítulos. Na primeira unidade, intitulada *Origem, Desenvolvimento e Fundamentos das Sagradas Escrituras*, abordaremos as questões pertinentes ao nascimento e outros pormenores a respeito dos textos sagrados. Na segunda, *A Inspiração das Escrituras Sagradas*, estudaremos as principais questões que giram em torno do tema da inspiração divina, e assuntos como a particularidade e provas da inspiração, tanto do Antigo quanto do Novo Testamento. Na terceira unidade, *Os Livros Apócrifos e Outras Questões*, estudaremos os principais temas pertinentes aos que não entraram para a chamada Coleção Canônica. Na quarta e última unidade, denominada *Os Manuscritos, as Traduções e as Atuais Questões Bíblicas*, discutiremos acerca das cópias manuscritas da Bíblia; suas diversas traduções; a influência da crítica bíblica e outras informações auxiliares.

Esperamos que, ao final do estudo e da reflexão propostos neste livro, o leitor-estudante compreenda o porque a Bíblia Sagrada é única e diferente de todos os livros que se produziu ou se possa produzir; que compreenda o porque o contato com suas páginas é elemento de transformação e diferencial de vida. Afinal de contas, a Bíblia é a suprema vontade de Deus através da palavra escrita.

UNIDADE I

ORIGEM, DESENVOLVIMENTO E FUNDAMENTOS DAS SAGRADAS ESCRITURAS

Nesta primeira unidade, composta de cinco capítulos, estudaremos a origem da Bíblia, desde a simples designação do termo à formação do chamado Cânon Sagrado. O entendimento desse rigoroso processo de nascimento e formação das Escrituras Sagradas revelam a grandiosidade desse livro que, rompendo os séculos, é a regra de fé e prática para todos aqueles que desejam conhecer e agradar a Deus.

Assim sendo, no primeiro capítulo, estudaremos a origem do termo Bíblia, seu uso na atualidade e a razão de ser de sua estrutura enquanto livro, fazendo, num primeiro momento, a devida comparação entre os dois grandes textos sagrados da humanidade: a Bíblia Hebraica e a Bíblia Cristã, apontando os fundamentos teológicos existentes por trás da disposição de ambos os textos, informação essencial para a nossa compreensão a respeito da organização dos livros da Bíblia Sagrada tal como a conhecemos. No segundo, veremos a origem e a relevância dos idiomas (hebraico, aramaico e grego) utilizados no longo processo de escrita dos livros bíblicos, tendo como porto de partida, evidentemente, as vantagens da língua escrita. No terceiro, discutiremos a origem dos diversos materiais empregados na composição dos livros da Bíblia, entre eles o papiro e o pergaminho, os mais conhecidos, bem como a utilização dos mais variados materiais de escrita. No quarto, estudaremos a diversidade dos textos que formam a Bíblia e a conseqüente necessidade de organizá-los em uma única coleção chamada *"Coletânea Canônica"*. Finalmente, no capítulo cinco, veremos a origem, o processo e o desenvolvimento do Cânon Sagrado.

Pretendemos que, com a leitura e o estudo da presente unidade, o estudante tenha a clara compreensão a respeito dos primórdios da Bíblia e perceba, através da trajetória empreendida pelos autores sacros, a grandiosidade de Deus no longo processo de registro e preservação de Sua suprema vontade.

CAPÍTULO 1

As Origens

O primeiro capítulo desta unidade está dividido em dois momentos distintos: no primeiro momento, abordaremos as questões referentes a origem histórica do termo Bíblia, enfocando, em contra partida, seu uso na atualidade; no segundo momento, estudaremos a estrutura da Bíblia, sua origem e forma, citando, de maneira específica e direta, as diferenças existentes entre a Bíblia Hebraica e a Bíblia Cristã, onde constataremos a real motivação por trás da disposição dos livros que compõem esses dois grandes textos sagrados.

1.1 – Origem do Termo Bíblia e seu uso na Atualidade

Historicamente, o termo Bíblia é derivado de uma das mais importantes cidades portuárias da Fenícia, Biblos, hoje Gebal, localizada a cerca de quarenta quilômetros ao norte da atual Beirute. Na antigüidade, esse local foi um poderoso centro comercial, onde eram vendidos produtos como: madeira de pinho, cedro (utilizados na construção de navios, casas e confecção de móveis e urnas mortuárias), resinas para mumificação, vasos, perfumes, tecidos de linho, cordas, couros, vacas, bois, novilhos e o papiro, um dos produtos mais destacados no comércio fenício. O papiro, em particular, por sua importância para a economia daquela região e sua ampla circulação comercial, foi gradativamente sendo chamado de bíblos, uma homenagem à cidade fenícia.

A origem do termo Biblos, portanto, parte dessa associação que, tanto os comerciantes (que vendiam e compravam o papiro) quanto aqueles que faziam uso desse material na escrita, principalmente os gregos, faziam com a cidade produtora desse valioso material. Neste sentido, pensar em papiro era pensar em Bíblos, e vice e versa.

É somente por volta do segundo século depois de Cristo que a Igreja Primitiva passou a empregar o termo (biblos) em sua forma plural, ou seja, Bíblia, que significa literalmente "livros". Deve-se notar, entretanto, que atualmente quando nos referimos a Bíblia como "o Livro", não obstante esteja o termo no plural (Bíblia, livros), o fazemos em virtude de sua tradução para o latim, quando Bíblia passou a significar Livro. Isso não significa, que a idéia de pluralidade esteja suprimida, muito pelo contrário, o termo Bíblia resguarda a idéia primordial de sua formação a partir da junção de diversos livros em um único volume, o que chamamos atualmente – Bíblia.

1.2 – Estrutura da Bíblia: Origem e Forma

A Bíblia possui uma estrutura singular. Dividida em dois blocos distintos, Antigo e Novo Testamento, sua origem tem como ponto de partida o fato de ter sido escrita por cerca de quarenta autores diferentes envolvidos nas mais diversificadas tarefas da vida diária (política, serviço militar, serviço público, sacerdócio, saúde, etc.) e cada um deles, distintamente, agentes de seu próprio momento histórico. Entre esses autores estão: Moisés, um líder político; Josué, um general; Samuel, um sacerdote; Neemias, um copeiro; Mateus, um coletor de impostos; Lucas, um médico; Paulo, um rabino.

Em linhas gerais, a origem dessa estrutura que a Bíblia evidencia, tem na unidade seu elemento diferenciador, uma vez que diante da imensa diversidade de textos que ela engloba (diferentes autores com estilos literários diversos e separados por décadas, séculos e milênios de história), percebe-se uma concordância plena, uma espécie de "fio de ouro" que percorre suas páginas denunciando a autoria suprema de Deus. Neste sentido, a unidade, conjugada com a diversidade de textos divinamente coordenados, constituem a origem da estrutura da Bíblia. Afinal de contas, não estamos diante de um livro qualquer, mas perante uma obra forjada durante cerca de mil e quinhentos anos e que, embora expresse a irrefutável verdade divina, resguarda os traços literários e a capacidade intelectual de seus autores humanos.

A estrutura da Bíblia, na forma como é apresentada: uma seqüência de livros, dos mais diversificados gêneros (lei, história, profecia, poesia, etc.), e que tratam unicamente da salvação dos homens mediante a pessoa de Jesus (esse é o tema central das Sagradas Escrituras), não constitui mera adequação cronológica como muitos imaginam. Isto é, a ordem em que a Bíblia se encontra, iniciando com o livro de Gênesis e terminando com Apocalipse, não seguiu meramente a ordem lógica dos fatos narrados, ou seja, o início (Gênesis) e o fim de todas as coisas (Apocalipse). Isto é uma concepção simplória da verdade por trás da disposição dos livros sagrados na forma como se apresentam.

O oposto deste entendimento mais simples, é o fato de que por trás da organização dos livros na seqüência em que se encontram se acha um fundamento essencialmente teológico, e não uma mera disposição cronológica, ou seja, a crença em um Messias e no cumprimento das profecias relacionadas a Ele. É em virtude disso que a Bíblia, tal como utilizada pelos cristãos, diverge da forma estrutural da Bíblia utilizada pelos judeus. Não que haja um choque de entendimentos a respeito da realidade do Messias prometido e de Sua missão de salvamento (Gn.3.15), afinal de contas, tanto judeus quanto cristãos acreditam nisso, mas em relação à identidade desse Messias: para os judeus, o Messias ainda não veio; para os cristãos, Jesus é o Messias prometido.

É a partir desse entendimento, ou seja, desse ponto de vista teológico, que os livros que compõem a Bíblia Hebraica seguem um seqüência diferente daquela apresentada pela Bíblia Cristã. Portanto, quando o assunto é a estrutura das Sagradas Escrituras, é pertinente iniciarmos, para efeito de comparação, com informações pertinentes a organização dos livros que compõem a Bíblia Hebraica e, em seguida, a composição estrutural da Bíblia Cristã.

1.2.1 – A Bíblia Hebraica

A *Bíblia Hebraica*, também chamada de Tanack, apresenta os mesmos livros que compõem o nosso Antigo Testamento. A diferença entre ambas é a ordem em que esses livros aparecem. A Hebraica, que segue a divisão citada por Jesus em Lucas (24.44): *"[...] convinha que se cumprisse tudo o que de mim estava escrito na lei de Moisés, e nos profetas e nos Salmos"*, dispõe os livros proféticos (Isaías, Jeremias, Ezequiel, Oséias, Amós, etc.), que falam do Messias, no meio da Bíblia Hebraica (entre a *Lei* e os *Escritos*), dizendo com isso que o Messias ainda não veio, que as profecias a Seu respeito ainda não se realizaram. Esta é a razão da ausência dos livros do Novo Testamento na Bíblia Hebraica, afinal de contas, Jesus nunca foi aceito como o Messias pelos judeus (Jo.1.11) e até a notícia de sua ressurreição (Mt.28.10; Mc.16.1-8; Lc.24.1-12; Jo.20.1-10) foi deturpada pelos líderes religiosos judeus (Mt.28.11-15). A ordem dos livros obedece ao seguinte padrão:

A LEI
(Torah)
- Gênesis.
- Êxodo.
- Levítico.
- Números.
- Deuteronômio.

OS PROFETAS
(Nebhiim)
Profetas Anteriores:
- Josué.
- Juízes.
- Samuel.
- Reis.

Profetas Posteriores:
- Isaías.
- Jeremias.
- Ezequiel.
- Os Doze[1]

OS ESCRITOS
(Kethubhim)
Livros Poéticos:
- Salmos.
- Provérbios.
- Jó.

---

1 *"Os Doze"* correspondem aos seguintes livros: Oséias, Joel, Amós, Obadias, Jonas, Miquéias, Naum, Habacuque, Sofonias, Ageu, Zacarias, Malaquias.

> **OS ESCRITOS**
> **(Kethubhim)**
> **Cinco Rolos:**
> - O Cântico dos Cânticos.
> - Rute.
> - Lamentações.
> - Ester.
> - Eclesiastes.
>
> **Livros Históricos:**
> - Daniel.
> - Esdras.
> - Neemias.
> - Crônica.

1.2.2 – A Bíblia Cristã

A Bíblia Cristã, tal como a conhecemos, é diferente da Hebraica. A diferença está na disposição dos livros que compõe o Antigo Testamento (os mesmos livros contidos na Bíblia Hebraica) e no acréscimo do Novo Testamento. A Bíblia Cristã desloca os livros proféticos do meio para o fim do Antigo Testamento. Não é por acaso que, imediatamente a esses livros proféticos, temos os Evangelhos que abrem o Novo Testamento, e indicam que a vida de Cristo constitui o cumprimento das profecias citadas nas páginas do Antigo Testamento. Vejamos a ordem obedecida por ela:

Antigo Testamento

> **A LEI**
> **(Pentateuco)**
> - Gênesis
> - Êxodo
> - Levítico
> - Números
> - Deuteronômio

> **POÉTICOS**
> - Jó
> - Salmos
> - Provérbios
> - Eclesiastes
> - O Cântico dos Cânticos

INTRODUÇÃO BÍBLICA
A vontade de Deus através de Sua Palavra escrita

HISTÓRICOS
- Josué
- Juízes
- Rute
- I Samuel
- II Samuel
- I Reis
- II Reis
- I Crônicas
- II Crônicas
- Esdras
- Neemias
- Ester

PROFETAS
Profetas Maiores:
- Isaías
- Jeremias
- Lamentações
- Ezequiel
- Daniel

Profetas Menores:
- Oséias
- Joel
- Amós
- Obadias
- Jonas
- Miquéias
- Naum
- Habacuque
- Sofonias
- Ageu
- Zacarias
- Malaquias

Novo Testamento

EVANGELHOS
- Mateus
- Marcos
- Lucas
- João

HISTÓRICO
- Atos dos Apóstolos

EPÍSTOLAS
- Romanos
- I Coríntios
- II Coríntios
- Gálatas
- Efésios
- Filipenses
- Colossenses
- I Tessalonicenses
- II Tessalonicenses
- I Timóteo
- II Timóteo
- Tito
- Filemom
- Hebreus
- Tiago
- I Pedro
- II Pedro
- I João
- II João
- III João
- Judas

PROFECIA
- Apocalipse

Conforme tivemos a oportunidade de ver acima, a Bíblia Hebraica, quando comparada à Bíblia Cristã, diferencia-se em dois pontos fundamentais: A ordem dos livros e a ausência do Novo Testamento. Portanto, a disposição dos livros da Bíblia tal como a conhecemos, não é obra da mera causalidade, mas resultado de um princípio teológico bem definido, ou seja, a crença de que Jesus Cristo é o Messias prometido e que, assim sendo, a disposição dos textos sagrados deve ser ordenada a partir dessa premissa. Afinal de contas, Cristo é o personagem central das profecias e n'Ele, e para Ele, convergem todas as coisas (Rm 11.36).

Questão para Reflexão:
A Bíblia Sagrada é considerada diferente de todos os livros que se tem conhecimento. Qual seria o elemento fundamental que confere a ela essa condição?

CAPÍTULO 2

Origem e Relevância dos Idiomas Bíblicos

No capítulo anterior, conhecemos o significado do termo grego *Bíblia*. Neste, trataremos da origem e da relevância dos idiomas bíblicos, um assunto fundamental para um estudo introdutório das Sagradas Escrituras. Nesse capítulo, estudaremos a diversidade das línguas, como surgiram e porque surgiram; os idiomas que foram empregados na composição das Sagradas Escrituras: o hebraico, enquanto língua utilizada no templo (e sinagogas judaicas), o aramaico, enquanto língua falada entre o povo comum e o grego enquanto língua internacional, falada em todo o vasto império criado por Alexandre, o Grande; e, finalmente, a tradição oral e as vantagens que a língua escrita oferece, tais como: precisão, continuidade, objetividade e propagação.

2.1 – A Diversidade das Línguas e os Idiomas da Bíblia

A diversidade das línguas ocorreu quando a humanidade, inebriada pelo desejo de poder, resolveu edificar uma grande torre para que todos permanecessem numa única comunidade (Gn.11.4). Esse propósito não coincidiu com o de Deus, pois era desejo do Criador que as pessoas se espalhassem pela Terra. Assim Deus multiplicou os idiomas para que não pudesse haver entendimento entre as pessoas e essas forçosamente cumprissem o Seu divino propósito. A partir desse momento, a construção da Torre de Babel cessou e os homens passaram a habitar outras regiões da Terra, a falar os idiomas que levaram consigo e a forjar novas culturas (Gn.11.8-9). Essa expansão dos agrupamentos humanos exigiu que Deus interferisse novamente para que as pessoas pudessem ter conhecimento da Sua vontade e pudessem cumpri-la. Para que isso fosse possível, Deus iniciou a formação da nação judaica através da qual se manifestaria, mediante prodígios e maravilhas, à toda humanidade. É essa manifestação de Deus, expressão de Sua plena vontade, que deveria ser espalhada pela terra. E isso se deu mediante a instrumentalidade de três idiomas distintos: o hebraico, o aramaico e o grego. Os dois primeiros pertencem à família dos idiomas semíticos; e o terceiro a família indo-européia. Esses idiomas merecem destaque no estudo das Sagradas Letras e devem ser estudados com mais propriedade em níveis mais avançados do conhecimento teológico. No entanto, neste momento nos deteremos em informações pontuais sobre eles sem, contudo, perdermos de vista a centralidade do tema para os demais ramos do estudo teológico.

2.1.1 – O Hebraico, a Língua do Templo

Ao manusearmos o Antigo Testamento, em língua portuguesa, quase sempre não atinamos para o fato de que, por trás daquela tradução (e de todas as outras), esconde-se um dos idiomas mais antigos de que se tem conhecimento – o Hebraico. Esse idioma, na observação de Batty Bacon (1991:15), catedrática em hebraico, Deus forjou o idioma na solidão dos desertos, no fogo das perseguições, nas lágrimas de seus santos e nas alegrias do Seu povo, para ser a espada da comunicação divina.

Essa língua, que traz as marcas do dinamismo e majestade d'Aquele que criou os céus e a terra e que foi levada para a Palestina por Abraão, sofreu grande modificação ao longo dos tempos, principalmente, devido ao contato com a língua falada pelos cananeus. O idioma que Abraão trouxe para a Palestina, por ocasião de sua saída de Ur dos caldeus, era muito diferente daquele que Moisés, que viveu séculos depois, falava. Isso quer dizer que, se os dois patriarcas pudessem se encontrar para um diálogo, a comunicação dar-se-ia com imensa dificuldade. Isto ocorre porque todo e qualquer idioma possui essa vitalidade, a capacidade de incorporar novos termos e, na mesma proporção, abrir mão de outros. Foi dessa forma que o hebraico bíblico foi sendo forjado. Pois Moisés

(Josué é quem efetiva a entrada definitiva na terra) e os filhos de Israel, ao entrarem na Palestina trouxeram consigo um idioma semítico que, em contato com a língua falada pelos cananeus (os habitantes da Palestina naquela época), deu origem ao hebraico utilizado na redação de todo o Antigo Testamento.

Após o cativeiro babilônico o idioma hebraico foi substituído pelo aramáico, Champlin e Bentes nos relatam como se deu essa transição:

"Após o exílio, os judeus usavam a escrita aramaica para escrever em hebraico e o conhecimento e o uso do próprio aramaico aumentou. Finalmente, o aramaico suplantou o hebraico, e as traduções do hebraico para o aramaico tornaram-se necessárias" (Bentes/Champlin, 1991). Não é difícil imaginar, portanto, a dificuldade que os judeus tinham para, por ocasião da leitura do texto sagrado – a Torah, compreenderem o que era lido no Templo. Por isso, a Torah (lida em hebraico) era traduzida para o aramaico durante as cerimônias religiosas realizadas nas Sinagogas e, posteriormente, no Templo de Jerusalém. Portanto, apesar de toda sua importância, o hebraico, paulatinamente, foi se limitando ao espaço das Sinagogas e do Templo, uma vez que não era mais falado pela grande maioria da população judaica da época.

2.1.2 – O Aramaico, a Língua do Povo

Nas páginas do Novo Testamento, precisamente nos evangelhos, encontramos expressões como: *"Talita cumi"* (Mt.5.41), *"Efatá"* (Mc.7.34), *"Eloí, Eloí, lamá sabactâni"* (Mc.15.34), termos que, a despeito do contexto em que ocorreram, chamam-nos a atenção para a existência de um outro idioma que, ao lado do hebraico, forma o grupo das línguas semíticas utilizadas na redação do Antigo Testamento – o *aramaico*. A utilização desse idioma na composição do Antigo Testamento foi bem sutil, ou seja, poucos versículos estão escritos nesta língua, tais como: Ed.4.6-8,18; 6.18; 7.12-26; Jr.10.11, e, à semelhança destes, as referências citadas acima. Esse idioma, apesar de ter sido mencionado pela nação assíria no século XVI a.C., teve maior divulgação somente no século VIII a.C., graças aos mercadores que, em virtude dos seus negócios, difundiam o idioma por toda aquela região do sudoeste da Ásia. Assim, quando os judeus retornaram do exílio babilônico passaram a utilizar-se da escrita aramaica, e o conhecimento e o uso desse idioma aumentou a ponto de suplantar o hebraico, tornando-se comum a tradução de textos em hebraico para o idioma aramaico.

Seja como for, na época do Novo Testamento o aramaico era o idioma falado pelos judeus. E Jesus, bem como seus discípulos, falavam esse idioma com toda a naturalidade, afinal de contas, era a língua franca entre os judeus, a língua do povo. É pertinente mencionarmos que, ainda que o aramaico tenha sido a língua falada entre os judeus na época de Cristo, os evangelhos e as epístolas não foram escritos nessa língua – salvo as passagens bíblicas mencionadas no início dessa seção.

2.1.3 – O Grego, a Língua do Império

Assim como o *hebraico* e o *aramaico*, a língua grega possui um lugar de destaque na redação das Sagradas Escrituras. A influência desse idioma na cultura da época era tão forte que todo o Novo Testamento foi escrito em grego, muito embora seus autores – com exceção de Lucas – fossem judeus e falassem o aramaico.

O grego a que estamos nos referindo é o *"koinê" ("comum")*, idioma falado entre 300 a.C. e 330 d.C., e difundido por Alexandre, o Grande, durante suas conquistas militares em âmbito mundial. Alexandre, filho de Filipe e aluno do célebre filósofo grego Aristóteles, espalhou o idioma e a cultura grega por toda a parte: Ásia Menor, Síria, Egito, Babilônia, Pérsia e Palestina. Desse modo, o grego koinê se tornou um idioma universal, falado em toda a extensão do vasto império alexandrino. Temos aqui, portanto, a principal razão pela qual o Novo Testamento, a despeito da nacionalidade de seus autores, foi redigido em grego koinê. Afinal de contas, a mensagem de salvação deveria transpor os limites geográficos de Israel e alcançar o mundo, e nada mais adequado do que utilizar o idioma que, tal como o inglês hoje, possui aceitação e notoriedade internacional.

Em síntese, podemos dizer que cada um dos idiomas citados acima cumpriu seu "papel" no grande projeto de Deus: Sua revelação em Cristo Jesus. O hebraico, utilizado na redação do Antigo Testamento, em certo sentido retrata o tratamento exclusivo com o povo judeu, visto que as verdades do Antigo Testamento foram escritas na língua desse povo. O aramaico, por seu turno, ocupa um lugar intermediário, a língua de todo o Oriente Próximo durante o século VI a.C., o mecanismo de comunicação entre os judeus na época de Cristo. O grego, em virtude de seus recursos lingüísticos e sua abrangência internacional, exerceu papel fundamental na transmissão das Boas-novas entre os povos: *"[...] em Seu nome se pregará o arrependimento e a remissão dos pecados, em todas as nações, começando por Jerusalém"*, Lucas 24.47. Extremamente importantes no registro e transmissão da revelação de Deus aos homens, esses idiomas tiveram a importante contribuição dos fenícios que, ao criarem o alfabeto, facilitaram a transmissão da linguagem escrita – até então bem complicada e difícil –, tornando-a, conforme estudaremos a seguir, uma ferramenta de fácil manuseio e de eficácia incomparável.

2.2 – A Tradição Oral e as Vantagens da Língua Escrita

Antes mesmo do surgimento da língua escrita tal como a conhecemos, o conhecimento era transmitido através do que chamamos de *Tradição Oral*, ou seja, os pais transmitiam aos filhos todo o conhecimento e cultura pertinentes ao seu grupo social, e esses, consequentemente, repetiam-nos aos seus filhos e assim sucessivamente. É claro que havia entre os judeus um traço cultural que tornava essa prática legítima, uma vez que reproduzia com fidelidade o conteúdo da *Tradição Oral*, uma particularidade bem acentuada dos povos orientais. Entretanto, após o surgimento da escrita, algo em torno de 3000 anos antes de Cristo, a necessidade de se reproduzir esses conhecimentos através de caracteres grafados tornou-se evidente, pois, segundo os estudiosos do assunto, tal registro seria bem mais preciso, permanente e objetivo, logo, mais viável no que tange a disseminação desse registro entre os povos e de grande valia na comunicação das verdades de Deus aos homens.

A bem da verdade, segundo alguns estudiosos, entre eles, Geisler e Nix (1997), Deus poderia ter empregado os anjos como canais diretos da comunicação divina com os homens, ou a voz da consciência, ou ainda, a própria criação. Esses meios, e outros que poderíamos ainda mencionar, serviriam muito bem como meios para essa comunicação entre Deus e os homens. Entretanto, esses canais possuem suas fragilidades e imperfeições. Os anjos, por exemplo, por sua natureza divina, tornar-se-iam objetos de adoração e isso, consequentemente, invalidaria a mensagem da qual seriam portadores (Ap.22.8-9; Gl.1.8); a voz da consciência, por sua fragilidade em virtude do pecado original, facilmente se corromperia; a criação, por sua vez, teria sua voz abarcada pelas distorções culturais e coisas do gênero. Por todos esses motivos, a língua escrita tornou-se o meio soberano pelo qual Deus manifestaria Sua vontade. É por intermédio dela se dá a revelação especial de Deus e encontramos as verdades absolutas, tornando-nos capazes de compreender o plano da redenção.

É por isso que Deus ordenou a Moisés: *"Escreve isto para memória num livro [...]"*, Êxodo 17.14, e essa mesma ordenança foi sendo repetida ao longo dos quinze séculos entre o início e o término de sua produção para aproximadamente 45 autores sagrados, os quais tinham a plena convicção de que estavam envolvidos num glorioso plano que, pelos seus efeitos, alcançaria a eternidade.

Seja como for, as vantagens da língua escrita repousam sobre quatro pontos fundamentais: precisão; continuidade; objetividade e propagação.

2.2.1 – Precisão

A língua escrita é uma ferramenta eficaz em virtude de sua *precisão*. Com ela, não é preciso confiar na memória. Ademais, o próprio texto escrito é uma garantia de que aquilo que está expresso foi amplamente compreendido pelo seu autor, pois é impossível alguém escrever sobre algo que não conhece.

2.2.2 – Continuidade

Uma das características da língua escrita é a *continuidade*, capacidade em continuar existindo, isto é, mesmo que o autor faleça, sua obra permanecerá. É por isso que Deus, tipificado na pessoa de Abraão (Lc.16.19-31), diz ao rico, após este clamar que enviasse um dos mortos para que pregasse aos seus cinco irmãos: *"[...] eles têm Moisés e os profetas; ouçam-nos"*, ou seja, naquela época tanto Moisés quanto os profetas já não existiam, mas suas obras literárias (a *Torah*) sim, e eram tão presentes como se seus autores estivessem vivos. Outrossim, a continuidade evita que o leitor, por meio de lapso de memória ou outras peculiaridades, perca o sentido original do que o autor desejava transmitir.

2.2.3 – Objetividade

A objetividade, quando relacionada a escrita, refere-se a capacidade inerente do próprio texto de, uma vez produzido, guardar a objetividade do seu autor, ou seja, aquilo que está escrito é, sem sombra de dúvida, precisamente aquilo que efetivamente seu autor quis dizer. Não se admitindo, por via de conseqüência, interpretação diversa daquilo que objetivamente está expresso no texto.

2.2.4 – Propagação

A língua escrita evita que a mensagem sofra alteração de sua transmissão. Isto é imensamente favorável à *propagação* do conteúdo que se deseja transmitir. Aliás, o texto escrito é sagrado, ou seja, não deve ser alterado por quem quer que seja, *"Eu, a todo aquele que ouve as palavras da profecia deste livro, testifico: Se alguém lhes fizer qualquer acréscimo, Deus lhe acrescentará os flagelos escritos neste livro; e se alguém tirar qualquer cousa das palavras do livro dessa profecia, Deus tirará a sua parte da árvore da vida, da cidade santa, e das cousas que se acham escritas neste livro"* (Ap. 22.18-19).

Por tudo o que vimos, a forma escrita ainda é a melhor maneira de se comunicar, preservar e transmitir uma mensagem, e permanecerá assim por muito tempo.

Questão para Reflexão:

A propagação da Palavra de Deus entre os povos começou com três grandes idiomas: o hebraico, o aramaico e, finalmente, o grego. Segundo o plano divino, cada momento histórico envolvendo esses idiomas tinha um objetivo específico: a universalidade da mensagem divina. Haveria uma forma mais eficaz de divulgação das Boas-novas do que revesti-las da própria roupagem da língua falada pelos homens?

Capítulo 3

As Origens dos Materiais Utilizados nos Manuscritos

É fundamental, antes de iniciarmos um estudo do conteúdo das Sagradas Escrituras, observarmos alguns pontos essenciais como: as origens dos materiais utilizados na escrita dos textos bíblicos, a inexistência dos autógrafos e a garantia das cópias desses. Neste capítulo, verificaremos os diversos tipos de materiais e instrumentos utilizados na redação dos manuscritos; e discutiremos a respeito da confiabilidade dos textos enquanto registro da suprema vontade de Deus.

3.1 – A Confiabilidade das Cópias

Os manuscritos originais, também denominados autógrafos, já não existem mais. O que há, nos museus, especialmente no *Museu Nacional de Israel*, são cópias dos textos originais, pois devido a fragilidade dos materiais, a rudimentariedade dos instrumentos de escrita e a precariedade de armazenamento, os originais não resistiram à ação do tempo e desapareceram. Isso, contudo, não interfere na fidelidade do conteúdo das cópias feitas a partir daqueles originais, pelo contrário, revelam o zelo e a dedicação sacramental dos rabinos responsáveis pela reprodução e preservação dessas cópias. A bem da verdade, a fidelidade destas em relação aos autógrafos se fundamenta, antes de tudo, na ação sobrenatural de Deus em não permitir que Sua palavra seja deturpada (Sl.33.4; 119.140; Pv.30.5; Ap.21.5) e depois no ministério dos escribas. Os escribas, que eram intérpretes da lei – a *Torah* (o Antigo Testamento) –, tinham, entre outras atividades, a responsabilidade de fornecer cópias dos textos sagrados com tal exatidão de modo que nenhuma dúvida sobre a fidelidade desses pairasse sobre o material copiado. Para isso, eles, além da habilidade com o idioma e o conhecimento dos textos que iriam copiar, deviam seguir regras bem definidas sobre a forma como os textos deveriam ser copiados e descartar qualquer cópia que apresentasse ou aparentasse qualquer dúvida ou imperfeição.

3.2 – Os Materiais Empregados na Escrita

As palavras e a vontade de Deus foram registradas pelos patriarcas e profetas, tanto da antiga (Antigo Testamento) quanto da nova aliança (Novo Testamento) com materiais disponíveis na época, tais como: o papiro, o pergaminho, o velino, o óstraco, os tabletes de argila e a cera. Nesse aspecto, não houve nenhuma ação sobrenatural na forma como as palavras de Deus foram registradas, tanto que esses "produtos" da escrita estavam sujeitos às mesmas dificuldades de armazenamento e conservação que toda e qualquer obra literária da época estava sujeita, tais como: calor, umidade e fungos.

3.2.1 – Papiro

O papiro, material de escrita feito a partir de uma planta (o Cyperus Papyrus) de caule afilado e triangular, que cresce em águas rasas, e chegando a atingir 6 metros de altura, muito abundante no Antigo Oriente, foi utilizado até o terceiro século depois de Cristo. Embora muito comum, especialmente no Egito e na cidade fenícia de Biblos, era um material que, por envolver imenso trabalho em sua manufatura, tornava-se caro e, portanto, fora do alcance das classes mais pobres da época.

Para a fabricação desse material, o caule da planta era cortado em fatias bem finas e coladas lado a lado até formar uma página, com cerca de 30cm, em quadrado. Em seguida, colocava-se uma outra página por sobre a primeira, tomando cuidado para que as tiras de papiro da primeira página ficassem em sentido oposto à segunda. Depois de seca, a página era então polida com pedra-pomes, conchas ou marfim. Após esse processo, as páginas eram coladas, uma a uma, por uma de suas extremidades, formando extensos rolos, alguns deles medindo grandes extensões, como é o caso dos registros mortuários dos egípcios que, às vezes, chegavam a medir 50 metros de comprimento. Durante a escrita, geralmente se utilizava o lado que tinha as tiras horizontais, uma forma de facilitar o trabalho, e não raro, utilizava-se o reverso para se concluir o texto, neste caso, recebia o nome de *opistógrafo*, isto é, *"texto escrito por dentro e por fora"* (Ap.5.1).

Esse material, muito embora tenha tido as suas vantagens, como por exemplo, a abundância da matéria prima, cultivada em larga escala no Egito, possuía pouca durabilidade, uma vez que se deteriorava com facilidade em ambiente úmido e, quando guardado em ambiente árido, tornava-se extremamente quebradiço.

3.2.2 – Pergaminho

O pergaminho, material feito de peles de animais (ovelhas, antílopes, cabras, entre outros), gradativamente assumiu o lugar do papiro como material de escrita em virtude de dois fatores: proibição, no final do segundo século antes de Cristo, pelo governo egípcio, de exportação do papiro; e maior durabilidade, relativa facilidade de produção e possibilidade de utilização do verso. Para produzir esse material inventado na cidade de Pérgamo, as peles dos animais, após terem passado por lavagem e retirada de todos os pêlos, eram esticadas em armações de madeira, raspadas com pedra-pomes, borrifadas com giz para adquirirem uma superfície branca e lisa, ideal para a escrita.

3.2.3 – Velino

O *Velino*, material elaborado a partir de peles de filhotes de bezerro (vitelo), cabritinho ou cordeiros natimortos e utilizado a partir do quarto século depois de Cristo, foi amplamente utilizado até a invenção da impressa. O processo de sua fabricação era o mesmo utilizado na produção do pergaminho, a diferença entre ambos, estava no fato de o velino ser considerado um material mais fino.

Alguns dos manuscritos produzidos com esse material, descobertos pela arqueologia, eram de cor-de-púrpura. Talvez o objetivo da utilização dessa cor tenha sido a de encarecer o produto, uma vez que, em virtude de sua complicada fabricação, era utilizada somente pela realeza e pessoas ricas da época.

3.2.4 – Óstraco

O óstraco (ou *óstraca*), que significa em grego *concha* ou *fragmento de vaso de barro*, foi um material de escrita amplamente utilizado pela população do mundo antigo(XVI a XI a.C.). Sua importância no processo de comunicação daquele período deve-se sua extrema abundância, haja vista a imensa quantidade desse material encontrão pelos arqueólogos nas escavações de sítios antigos localizados na Palestina, Egito, Mesopotâmia e outras partes do antigo Oriente Médio. Algumas das peças encontradas, que possivelmente remontam à época de Moisés e da servidão dos israelitas no Egito, trazem desenhos e inscrições feitos a tinta em forma *hieroglífica cursiva*, isto é, escrita desenhada com letras minúsculas ligadas umas às outras.

Esse material que equivale, na atualidade, aos modernos blocos de anotações e aos papéis utilizados para os registros contábeis, cartas, recibos, contratos, processos judiciais, também foi utilizado como apanhador de água, removedor de cinzas (Is.30.14) e, entre os gregos, como "cédula" de votação para cargos públicos e decisões referentes a banimentos.

3.2.5 – Tabletes de Argila ou Cera

Esses tabletes eram utilizados, principalmente, pelas pessoas mais pobres devido a sua fácil produção e utilização, uma vez que bastava misturar a água com um pouco de argila e colocar em uma forma de madeira para dar o tamanho e o formato desejado. Após receber as inscrições, as placas eram colocados ao sol para secagem.

Assim como a argila, a cera também foi utilizada como material de escrita no tempo antigo. Para o preparo desse material, o primeiro passo era a escolha de um pedaço plano de madeira, de tamanho adequado e em perfeito estado. Em seguida, após a limpeza da peça, aplicava-se uma camada de cera que, depois de seca, recebia as inscrições que se desejava registrar.

3.3 – Instrumentos Utilizados na Escrita

Os registros da palavra e da vontade de Deus foram feitos mediante a utilização de diversos instrumentos de escrita existentes naquela época, são eles: o estilete, a pena, o cinzel, o canivete e a tinta.

• Estilete de metal ou estilo – instrumento de formato triangular com um cabeçote plano utilizado, por ser de material resistente, para escrever em tabletes de argila, cera, madeira e cerâmica.

• Pena – instrumento de escrita feito de junco (planta da família das juncáceas cultivada em terrenos úmidos) tinha em uma de suas extremidades o formato achatado para que se pudesse reproduzir traços finos e largos na escrita em papiros, pergaminhos e velinos.

• Cinzel – instrumento de ferro com uma de suas extremidades cortante, utilizado na escrita para fazer inscrições em superfícies duras como a madeira e a pedra, por isso era conhecido também como *pena de ferro* (Jó 19.24).

• Canivete – instrumento de escrita utilizado para afiar as *penas de junco* que, pelo uso constante, ficavam gastas e impossibilitavam uma escrita nítida. O livro de Jeremias (36.23) faz referência a esse tipo de material ao mencionar a destruição de um rolo de pergaminho por meio do *"[...] canivete de escrivão [...]"*, prática não muito comum entre os escribas, pois as cópias das Sagradas Escrituras jamais eram destruídas, mesmo quando erros eram cometidos durante as traduções ou reproduções dos textos.

• Tinta – material feito a partir de uma substância corante misturada à goma, cola ou verniz, que tinham a função de fazer com que o pigmento aderisse à superfície à qual fosse aplicado. A tinta era indispensável na escrita em superfícies como papiro, pergaminho, velino e couro. Segundo os estudiosos, as fórmulas mais antigas desse material indicam que o pigmento era negro, em forma de fuligem, obtido mediante a queima de madeira, óleo ou carvão.

Questão para Reflexão:
As Escrituras Sagradas, como toda e qualquer obra literária dos tempos antigos, foram registradas utilizando-se os mais variados materiais de escrita disponíveis. Partindo dessa verdade, qual dos materiais empregados no longo processo de redação das Escrituras foi o mais proeminente?

CAPÍTULO 4

A Necessidade de Uma Coletânea Canônica

A real necessidade de uma coletânea sagrada, agrupamento dos livros que compõem a Bíblia num único volume, teve por objetivo atender às necessidades da Igreja de excluir os textos não autênticos e seguir a orientação divina através dos textos genuinamente sagrados. Partindo desse ponto, discutiremos, neste capítulo, os elementos que conduziram à formação do cânon do Antigo e Novo Testamento e a importância desse para a preservação da Palavra de Deus.

4.1 – A Diversidade de Textos e o Conjunto dos Livros Autorizados

É muito comum as pessoas pensarem que os livros da Bíblia foram escritos de forma seqüencial, isto é, um após o outro, seguindo um processo divinamente ordenado para que, no final de tudo, houvesse uma coleção composta por sessenta e seis livros. A verdade, entretanto, é bem diferente. O que temos, a bem da verdade, é a junção de diversos textos, cada um com suas peculiaridades literárias próprias. E essa diversidade de textos não se limitou apenas aos livros genuinamente sagrados, pelo contrário, muitos textos que falsamente eram atribuídos aos patriarcas, profetas e discípulos surgiram ao longo da história, exigindo, por parte da Igreja – tanto do Antigo quanto do Novo Testamento – uma postura urgente, no sentido de se estabelecer quais livros verdadeiramente era provenientes das mãos dos autores sagrados.

O conjunto dos livros divinamente autorizados, também chamados de Coletânea Canônica, tinha por objetivo evitar que textos falsamente atribuídos aos escritores sagrados fossem acolhidos pela Igreja. Alguns desses textos são completamente fantasiosos, é o caso, por exemplo, de I Esdras, livro baseado nos textos de Crônicas, Esdras e Neemias, escrito por volta de 150 a.C. e que relata a volta dos judeus do exílio babilônico. Neste livro, entre as diversas lendas e coisas fantasiosas, o mais interessante é a *História dos Três Guardas*. Segundo conta, três guardas do palácio real persa estavam discutindo sobre qual era a coisa mais importante do mundo. O primeiro disse: *"o ouro"*; o segundo: *"o rei"* e o terceiro: *"a mulher e a verdade"*. Para saberem a resposta, colocaram as sugestões debaixo do travesseiro do rei que, ao acordar, exigiu que justificassem suas respostas. A decisão unânime foi: *"a verdade é, de longe, a mais forte"*. Por ter dado a resposta mais correta, Zorobabel, como recompensa, recebeu autorização para retornar à Jerusalém e reconstruir o Templo dos judeus. É evidente que esse livro, como tantos outros que formavam a diversidade de textos falaciosos, deveria ser rejeitado pela Igreja, como efetivamente o foram, posto que não entraram para o conjunto dos livros autorizados.

4.1.1 – Os Livros do Antigo Testamento

Quando a necessidade do agrupamento dos textos sagrados em um único volume tornou-se uma realidade, trinta e quatro livros do Antigo Testamento já eram aceitos como verdadeiros e reconhecidos como genuínos pela comunidade judaica da época. Mas além desses, havia cinco outros (Ezequiel, Provérbios, Cântico dos Cânticos, Ester e Eclesiastes) que não eram aceitos pela maioria da comunidade, por isso tiveram que passar pelo "crivo" canônico, o qual não foi capaz de resolver definitivamente a questão, uma vez que estudiosos em épocas posteriores, nem sempre sabedores dos fatos que motivaram essa aceitação, continuaram a pôr em dúvida livros anteriormente aceitos como autênticos e a ventilar a possibilidade de aceitar outros que tinham sido considerados como falsos. As razões pelas quais esses cinco livros foram postos em dúvida por alguns rabinos e mestres judaicos são muito variadas, entretanto, pode-se fazer referência ao modo como essas autoridades interpretavam esses textos.

O livro de Ezequiel, por exemplo, foi considerado contrário aos ensinamentos da Torah (Pentateuco) porque alguns rabinos entendiam que os capítulos de 1 a 10 desse livro fazia uma espécie de apologia às doutrinas gnósticas. O livro de Provérbios, uma coleção de sentenças morais, ditos breves e enigmas judaicos utilizados, foi posto em dúvida sob a alegação de que alguns de seus ditos eram contraditórios. O Cântico dos Cânticos, escrito em algum momento antes de 600 a.C., foi questionado por duvidarem do seu valor como livro religioso, uma vez que o tema, o amor entre Salomão e Sulamita, parecia indigno por considerá-lo muito sensual, entretanto, esse amor deve ser entendido como tipificação do caloroso e verdadeiro relacionamento pessoal que Deus deseja ter com Sua noiva espiritual (a Igreja), composta por todos aqueles que são redimidos pelo sangue de Cristo e que, pela fé, entregaram seu coração a Ele.

O texto de Ester, um texto que narra os acontecimentos ocorridos no estado judeu em Jerusalém desde o término da construção do Templo, em 515 a.C., até ao reinado de Artaxerxes I (465-424 a.C.), conseqüentemente uma obra de grande importância para a história bíblica, foi posto em dúvida, por alguns rabinos da época, em virtude da ausência do nome de Deus. Eles afirmavam que um livro sagrado não poderia ser autêntico sem a menção do nome do Criador. Além disso, havia o problema da apresentação do livro, o qual era semelhante ao elaborados por autores de novelas e coisas do gênero. Apesar de todas essas dúvidas, o livro foi reconhecido como autêntico porque não se verificou nada fictício ou fantasioso na narrativa sobre o Império Persa, o eficaz sistema postal e as descrições do palácio de Susã.

O livro Eclesiastes, denominado por aqueles que duvidavam de sua validade de *Cântico do Ceticismo*, foi rejeitado em decorrência da exposição de uma série de expressões sobre a vaidade, as venturas e fracassos do homem. Esse texto, ora em poesia ora em prosa, mostra inutilidade e superficialidade de viver somente em prol dos objetivos seculares, por isso o autor repete constantemente que tudo é vaidade: *"Vaidade das vaidade [...] tudo é vaidade! [...] nada há de novo debaixo do sol [...] na muita sabedoria há muito enfado; o que aumenta o conhecimento aumenta a tristeza"* (Ec.1:2,9,18). Tais palavras, sem dúvida alguma, levaram os rabinos ao questionamento sobre a validade de um livro que evidenciava, pelo menos aparentemente, alto grau de ceticismo. Seja como for, a pergunta que o pregador faz, *"qual é o mais digno objetivo da vida?"*, não coroa a incerteza e o ceticismo, mas conduz o leitor de *Eclesiastes* a explorar os valores da vida e, consequentemente, buscar a sabedoria.

Na concepção do autor de *Eclesiastes*, a posse da sabedoria aumenta a angústia e a tristeza (1.12-18), pois, uma vez de posse dessa, o homem conduz a vida em conformidade com um futuro que lhe é desconhecido e, portanto, incerto. Nesse ponto reside, segundo os críticos de *Eclesiastes*, a imensa contradição em se adquirir a sabedoria. Afinal de contas, a vida humana, assim como na natureza, segue um ciclo repetitivo, quase interminável (1.4-18), e isso, por si só, segundo o insensato, justificaria vivermos a vida sem nos preocuparmos com o amanhã (2.12-23). Entretanto, Deus, o supremo criador, designou todas as coisas para o desfrute do homem, e todas elas, sem nenhuma distinção, possuem um propósito (um futuro) determinado (2.24-3.15).

A bem da verdade, o que os rabinos não conseguiram compreender é que o aparente ceticismo indicado pelo autor é, na verdade, um chamado para o fato de que todas as coisas *"debaixo do sol"* só têm significado real se forem entendidas como expressão da sabedoria, bondade e verdade de Deus, pois Ele é a fonte da eternidade e é n'Ele e para Ele que a vida se eterniza e a sabedoria encontra sua expressão plena. Portanto, Eclesiastes não pode ser considerado um livro falso, produto da mente cética como tantos outros dessa época.

Os falsos escritos nasceram de especulações e idéias fantasiosas muito abundantes durante o chamado Período Interbíblico, espaço de tempo de aproximadamente quatrocentos anos, no qual Deus não se manifestou por visões, revelações ou mensagens proféticas (Pv.29.18). Nesse período, surgiram desde os mais inofensivos pensamentos e especulações sobre a vida e ministério de patriarcas e profetas como Moisés, Isaías, Enoque, Elias às mais aberrantes heresias. Por isso foram rejeitados pela comunidade judaica, e posteriormente pela Igreja cristã. Afinal de contas, seria inadmissível considerarmos livros que tratam de assuntos que o próprio Deus reservou para o Seu conhecimento (Dt.29.29). Temos como exemplo desse tipo de livro o *Martírio de Isaías* e a *Assunção de Moisés*. No primeiro, há menção de pormenores da Morte de Isaías, que, segundo a tradição judaica, fora colocado entre duas peças de madeira e serrado ao meio, por ordem do ímpio rei de Judá, Manasses; No segundo, há curiosidades, com abundante detalhamento, sobre a morte e a destinação do corpo de Moisés. Esses livros, somados a outros do mesmo gênero, compõem o grupo dos *pseudepígrafos* (falsos escritos), alistados abaixo em 5 categorias distintas: *Apocalípticos (7), Didáticos (4), Históricos (1), Lendários (4)* e *Poéticos (2)*. Vejamos a composição de cada uma dessas categorias:

	NOME DO LIVRO	CATEGORIA
1.	1°Livro dos Segredos de Enoque	Apocalíptico
2.	2°Livro dos Segredos de Enoque	Apocalíptico
3.	Testamento dos Doze Patriarcas	Apocalíptico
4.	Oráculo Sibilino	Apocalíptico
5.	Assunção de Moisés	Apocalíptico
6.	Apocalipse Siríaco de Baruque	Apocalíptico
7.	Apocalipse Grego de Baruque	Apocalíptico
8.	3°Livro dos Macabeus	Didático
9.	4°Livro dos Macebeus	Didático
10.	Pirque Abote	Didático
11.	História de Aicar	Didático
12.	Obra de Sadoque	Histórico
13.	Livro do Jubileu	Lendário
14.	Livro de Adão e Eva	Lendário
15.	Epístola de Aristéias	Lendário
16.	Martírio de Isaías	Lendário
17.	Salmo 151	Poético
18.	Salmos de Salomão	Poético

4.1.2 – Os Livros do Novo Testamento

O Novo Testamento, composto por 27 livros (4 evangelhos, 1 livro histórico, 21 epístolas, ou cartas, e 1 livro profético) recebeu outro tratamento, embora as motivações que conduzissem à formação da *coleção canônica* permanecessem as mesmas. É o caso, por exemplo, da ausência de movimentos posteriores à formação desse conjunto de livros no sentido de pôr em dúvida a autenticidade dos mesmos, ou seja, uma vez aceito determinado livro como verdadeiro, isto é, escrito por um genuíno apóstolo de Cristo, ninguém ousava questionar sua autenticidade e, portanto, sua autoridade. Neste sentido, podemos dizer que inexistia a figura dos *antilegomenos* (*livros questionados por alguns*) na coleção canônica do Novo Testamento, pois, conforme dissemos, ao adentrar determinado livro para o grupo dos textos autorizados, nenhuma dúvida quanto a sua autenticidade e autoridade era posta em pauta pela comunidade cristã.

Sendo assim, as razões que motivaram a reunião desses escritos em um único volume – o Novo Testamento –, podem ser classificadas, segundo os estudiosos, a partir de três perspectivas diferentes: a eclesiástica, a teológica e a política.

A perspectiva eclesiástica, em se tratando das razões que motivaram a reunião dos textos, diz respeito a necessidade de se agrupar os livros aceitos pela igreja como sendo genuínos – e aqui mais uma vez ressaltamos que *genuínos* são aqueles textos que verdadeiramente foram escritos pelos apóstolos e que, portanto, trazem o selo da autoridade divina – nasceu da necessidade de se ter bem definida, de uma vez por todas, quais livros eram verdadeiramente considerados sagrados pela igreja e que, por meio dessa característica própria, deveriam continuar circulando entre os cristãos. A rigor, ainda há de se falar aqui, que somente os livros que pertenciam a essa coleção canônica deveriam ser traduzidos para o idioma daqueles que se convertiam ao Cristianismo. Daí, portanto, a necessidade urgente de os primeiros líderes da igreja primitiva terem bem definidos quais livros pertenciam à essa coleção.

A perspectiva teológica, por sua vez, diz respeito a sobrevivência teológica da Igreja Primitiva, uma vez que ela enfrentou, durante as conturbadas décadas do primeiro e segundo séculos, diversos problemas, entre eles: os movimentos heréticos e as doutrinas contrárias àquelas ensinadas por Cristo e preservadas pelos apóstolos. Esses movimentos, que atuavam naquela época, pressionavam a Igreja no sentido de que reconhecesse em seus textos a autoridade divina. Outrossim, se por um lado, esses grupos exerciam pressão para que seus textos fossem incluídos no seleto grupo dos autênticos livros, por outro, existiam aqueles grupos que montavam seu próprio conjunto de livros tidos como sagrados, rejeitando, em contra partida, os textos aceitos pela Igreja. É o caso, por exemplo, dos *marcionistas*. Movimento fundado em 144 d.C., por Márcion de Sinope, adotava seu próprio Cânon – denominado *Cânon Marcionista* – o qual, na sua totalidade, compunha-se de algumas partes do evangelho de Lucas e dez das epístolas paulinas.

Portanto, seja rejeitando os falsos escritos ou elevando outros à categoria de autênticos textos sagrados, os líderes da Igreja Primitiva foram estabelecendo, de forma gradual, mas definitiva, a Coleção Canônica do Novo Testamento. Afinal de contas, os primeiros cristãos não estavam dispostos a arriscar suas vidas por um livro se não tivessem a plena convicção de que pertencia ao grupo dos autênticos textos sagrados.

A perspectiva política, segundo estudiosos, gravita em torno da necessidade que a Igreja Primitiva tinha de estabelecer a Coleção Canônica em decorrência das fortes perseguições que se abateram sobre a Igreja durante aquelas primeiras décadas do primeiro século. Seja levada a efeito por grupos religiosos contrários ao Cristianismo, como é caso dos judeus legalistas, ou pelo governo romano, essas perseguições despertaram a liderança cristã no sentido de preservarem os livros sagrados, haja vista que em determinadas perseguições as Escrituras Sagradas eram apreendidas e destruídas. É o caso, por exemplo, da feroz perseguição movida pelo imperador romano Diocleciano (284-305) que, em 303 d.C., determinou, por meio de um decreto imperial, que as Escrituras fossem queimadas.

Neste sentido, para que a preservação dos textos sagrados pudesse ser efetivada era necessário, antes de mais nada, que a Igreja Primitiva tivesse plena convicção acerca dos livros que realmente eram autênticos. Por isso, a necessidade de se estabelecer a Coleção Canônica.

Questão para Reflexão:

Os livros que formam o texto do Antigo Testamento foram redigidos por homens e inspirados por Deus. Em cada linha, cada página, cada livro, numa sucessão de atos humanos e divinos, Deus é o supremo maestro na formação e preservação da Coleção Canônica. Será que, historicamente falando, a Igreja Primitiva não poderia ter agido com mais energia no sentido de impedir a formação de outras coleções tidas como sagradas?

CAPÍTULO 5

O Cânon Sagrado: Origem, Processo e Desenvolvimento

A necessidade de Igreja Primitiva de ter uma lista oficial dos livros sagrados a levou a uma espécie de *processo canônico preliminar* e, consequentemente ao *Cânon Sagrado*. Neste capítulo, verificaremos a origem, o processo e, consequentemente, o desenvolvimento do Cânon Sagrado, observando que a soberania de Deus se faz sentir em todos os estágios dessa laboriosa, melindrosa e demorada tarefa, pois, afinal de contas, a legitimidade do trabalho da Igreja, tanto do Antigo quanto do Novo Testamento, é dependente da legitimidade dessa Palavra.

5.1 – Etimologia e Conceito

A palavra *Cânon*, termo grego que significa literalmente cana, junco, foi aplicada às Escrituras Sagradas com o sentido de uma coleção de livros oficialmente aceitos pela Igreja. Esse termo foi utilizado porque, assim como a cana servia como instrumento de medição nos tempos antigos e tinha o sentido de linha de medida, regra, padrão, modelo ou norma; o *Cânon* estava relacionado a um padrão através do qual é possível medir e avaliar. Assim sendo, quando diz que um livro é *canônico, afirma-se* que ele passou por uma série de testes, ou seja, que ele foi analisado criteriosamente a fim de que se certificasse de que se trata de um livro inspirado por Deus, e que, portanto, é portador da plena autoridade divina.

5.2 – O Processo de Canonização

Os trinta e nove livros, que compõem o Antigo Testamento, aceitos como divinamente inspirados pela comunidade judaica, não são frutos de um mera aceitação, mas de um longo processo canônico, ou seja, cada livro para ser aceito como autêntico deveria receber um parecer decisivo por parte da liderança cristã. Para esse parecer, era necessário que os livros passassem por testes de: autoridade, autoridade profética, confiabilidade, dinamismo e aceitabilidade.

5.2.1 – Autoridade

A autoridade constitui a primeira das evidências que se verificou durante o processo de canonização dos livros. Neste aspecto, o que se procurou para determinar essa autenticidade foram expressões ou fatos que indicassem a plena autoridade divina. Na maioria dos livros, havia as expressões como *"assim diz o Senhor"*, *"o Senhor me disse"* e *"a palavra do Senhor veio a mim"* que provavam essa autoridade, porém havia textos em que essas expressões não apareciam e a avaliação era feita de outro modo. No livro de Ester, por exemplo, o nome de Deus sequer é mencionado, entretanto foi possível verificar a providência divina e o cuidado sobrenatural de Deus em relação ao povo judeu do início ao fim do livro. É em virtude dessas declarações implícitas do Senhor a respeito de seu povo que o livro de Ester tornou-se parte integrante da coleção canônica.

5.2.2 – Autoridade Profética

Os profetas, aqueles que falaram em nome de Deus sobre coisas futuras, gozavam de plena aceitação e respeito por parte da nação israelita, tanto que o próprio messias, além de rei (Sl.110.2; 72.1-19; II Sm.7.4-17) e sacerdote (Sl.110.4; Zc.6.13), era apresentado como profeta (Dt.18.15). Essa legitimidade, autoridade profética, para atuar em nome de Deus e para, movido pelo Espírito Santo, ser porta-voz de Sua mais sublime mensagem, era de suprema importância para a certificação dos livros que formariam o Cânon. É em decorrência dessa importância que Paulo adverte os irmãos gálatas para que não dessem crédito àqueles que, julgando-se porta-vozes (profetas) de Deus, não tivessem sido genuinamente chamados pelo Senhor (IICo.11.13; IITs.2.2).

5.2.3 – Confiabilidade

Quando os primeiros líderes cristãos colocaram sob avaliação os textos utilizados pela Igreja, além da prova de autoridade, foi essencial a verificação do grau de confiabilidade que o livro tinha. Nesse sentido, o livro para ser chamado de *palavra da verdade* não poderia conter qualquer tipo de erro como: desvios doutrinários, contradições históricas e coisas do gênero. Portanto, o *princípio da confiabilidade*, como parte integrante do processo de canonização, foi indispensável no estabelecimento da coleção canônica.

5.2.4 – Dinamismo

O princípio do dinamismo diz respeito à capacidade transformadora inerente ao texto, ou seja, a leitura devocional do livro é capaz de produzir efeitos transformadores na vida daqueles que tiverem contato com ele. É com toda essa força que Paulo escreve a Timóteo: *"Toda Escritura é inspirada por Deus e útil para o ensino, para a repreensão, para a correção, para a educação na justiça, a fim de que o homem de Deus seja perfeito e perfeitamente habilitado para toda boa obra"* (IITm.3.16-17). Com tais palavras, Paulo evidencia que a Bíblia é poderosa para efetuar a devida transformação do homem em uma nova criatura (IICo.5.17). Sendo assim, o *princípio do dinamismo* preocupa-se com as experiências daqueles que, em contato com o texto sagrado, experimentaram uma mudança radical de vida. Sem sombra de dúvida, esse princípio é o menos explícito de todos, haja vista que envolvia algo tão subjetivo como a experiência individual de cada leitor.

Neste sentido, conjectura-se que seja em virtude dessa qualidade implícita que os textos sagrados trazem, que auxiliou na análise dos chamados livros antilegomenos, ou seja, os livros que foram objeto de questionamentos por parte de alguns líderes da Igreja, pois, diante dos fatos – a transformação indiscutível do leitor que entra em contado com esses textos –, a aparente sensualidade do *Cântico dos Cânticos* cede lugar para a certeza de sua profunda espiritualidade; o aparente ceticismo de *Eclesiastes* sucumbe ante a convicção de que a plena felicidade se encontra em Deus e Sua aparente ausência no livro de *Ester* abre caminho para a realidade de Sua intervenção na história judaica.

5.2.5 – Aceitabilidade

A aceitabilidade, mais um princípio que levava em consideração um fator externo ao próprio texto, ou seja, a confiança que as pessoas depositavam em determinado livro, era verificada na comunidade pelos líderes. Portanto, quando esses livros eram recebidos e manuseados como genuína Palavra de Deus pelas mesmas pessoas às quais eles haviam sido endereçados, estava mais do que comprovada sua autenticidade. Vale mencionar, como tantos estudiosos o fazem, que esse princípio da aceitabilidade é o último estágio na seqüência de atos que comprovam a autenticidade (a canonicidade) de determinado livro.

5.3 – O Desenvolvimento do Cânon

A junção dos livros genuínos em um único bloco não foi uma tarefa das mais fáceis por três principais motivos. Primeiro, porque havia muitos livros, tanto do Antigo quanto do Novo Testamento, que se intitulavam *genuína Palavra de Deus*; segundo, porque existiam textos que, a despeito de sua autenticidade, eram postos em dúvidas por alas específicas da liderança judaica e cristã; terceiro, porque havia pressões internas (indagações sobre quais livros deveriam ser lidos e considerados sagrados) e externas (perseguições e conseqüente destruição dos livros). Esses elementos, somados a outros de menor importância, fizeram com que a organização do Cânon, tanto do Antigo quanto do Novo Testamento, demorasse por séculos, encerrando-se somente quando o último livro demonstrou seu valor para ser reconhecido como genuíno, isto é, *canônico*.

Antes discutirmos de maneira específica o desenvolvimento do Cânon do Antigo e Novo Testamento, é importante ressaltar que a confiança na veracidade desse Cânon repousa em dois princípios primordiais: o espiritual e o histórico. O princípio espiritual refere-se ao credo no Espírito Santo, que inegavelmente não só capacitou os escritores sagrados na composição de suas obras e presidiu a formação de cada um dos livros sagrados como também responsabilizou-se pela seleção e incorporação desses à coleção canônica. O Espírito Santo não somente capacitou os escritores sagrados na composição de suas obras, mas também dirigiu a Igreja na seleção dos genuínos livros, e isso em cumprimento à promessa do Senhor Jesus de que Ele guiaria os discípulos a toda verdade (Jo.16.13).

Em segundo lugar, temos o *princípio histórico*, onde verifica-se toda uma série de procedimentos adotados pela igreja no sentido de obter a plena certeza de que os livros que entrariam para o Cânon Sagrado seriam exatamente aqueles escritos pelos verdadeiros patriarcas, profetas e discípulos de Cristo, ou seja, aqueles textos que de fato eram genuínos e que, em virtude disso, não continham dúvidas quanto a sua veracidade histórica. Neste sentido, ciências como a Geografia e a Arqueologia têm sido de grande valia na comprovação da historicidade dos textos da Bíblia Sagrada, afinal de contas, pergunta o Dr. André Parrot, famoso arqueólogo francês, *"como se poderá compreendê-la se não for possível encaixá-la no seu preciso quadro cronológico, histórico e geográfico?"*

É em virtude disso que, após compararmos os textos que temos hoje com aqueles descobertos nas cavernas de Qumran, na Palestina, em 1947, verifica-se que os Livros Sagrados que temos à nossa disposição na atualidade são da mais absoluta autenticidade. Para termos uma idéia, hoje já são mais de 20.000 manuscritos do Novo Testamento descobertos em expedições arqueológicas, e isso, em virtude dessa quantidade de manuscritos, torna os textos do Novo Testamento os documentos mais autênticos de todos os escritos da antigüidade. Nenhum outro documento da história antiga chega a esse número e alcança esse grau de autenticidade. Nem mesmo a *Ilíada* de Homero que, escrita na última metade do século VIII a.C., com apenas seiscentos e quarenta e três manuscritos que sobreviveram até a presente data, ocupa o segundo lugar. Portanto, se os textos possuem respaldo arqueológico quanto a sua historicidade, ou seja, se as inúmeras informações que trazem encontram-se respaldadas pelos fatos trazidos à luz por essa ciência (e outras), não há porque duvidarmos da precisão e conseqüente legitimidade do processo canônico.

5.4 – O Desenvolvimento Canônico do Antigo Testamento

Deixando de lado alguns pormenores pertinentes ao desenvolvimento do Cânon do Antigo Testamento – assunto apropriado a um estudo mais avançado –, fiquemos com algumas informações mais gerais sobre esse assunto. Em primeiro lugar, é digno de nota o fato de que o desenvolvimento do Cânon como um todo foi um processo muito demorado, fala-se aqui em nada menos que dois mil anos entre o primeiro e o último livro a ser incluído nessa fascinante coleção. Em segundo lugar, nenhum dos autores sagrados tinham a mínima noção de que seus escritos fariam parte de um todo, que comporiam o livro mais excelente de toda a história universal, o *Livro dos Livros*, a *Bíblia Sagrada*. Entretanto, lendo suas páginas e tendo em mente essas informações, é impossível não nos maravilharmos diante da perfeita coesão de pensamentos. É como se todos os escritores sagrados, do Antigo e Novo Testamento, estivessem sentados em uma única sala e, trocando informações e experiências uns com os outros, fossem redigindo suas obras literárias.

A rigor, quando o assunto é o desenvolvimento do Cânon do Antigo Testamento ficamos ainda mais espantados com a perfeita exatidão do processo, afinal de contas, a distância existente entre a composição e aceitação dos livros, ou melhor, o espaço de tempo entre a escrita e a incorporação de um livro e outro no Cânon, é maior que aquele empregado nos textos do Novo Testamento. Seja como for, os livros que compõe o Antigo Testamento foram agrupados independentemente da data de sua redação, ou seja, seu lugar específico no Cânon não seguiu a ordem da data em que supostamente haviam sido escritos, tal como sugerem alguns estudiosos. Segundo estes, os livros do Antigo Testamento (as Escrituras Hebraicas) haviam sido introduzidos no Cânon por seções, seguindo as datas de sua redação: Em primeiro lugar a *Lei* (400 a.C.), em segundo os *Profetas* (200 a.C.) e em terceiro os *Escritos* (100 a.C.). Neste sentido, cada seção corresponderia a um *estágio* no processo de canonização, ou seja, o *primeiro estágio*: a Lei, o *segundo estágio*, os Profetas e o *terceiro estágio*, os Escritos.

Entretanto, essa teoria do desenvolvimento canônico do Antigo Testamento em três estágios distintos é insustentável. Isso porque as Escrituras Sagradas mencionam apenas duas divisões, pelo menos aquelas que foram aceitas no Cânon do século I d.C.: *Moisés* (a *Lei*) e os *Profetas*, isto é, em primeiro lugar os livros atribuídos a Moisés (Gênesis, Êxodo, Levítico, Números e Deuteronômio) e depois dele os demais profetas (*Profetas Anteriores*: Josué, Juízes, Samuel e Reis; *Profetas Posteriores*: Isaías, Jeremias, Ezequiel e os Doze). Portanto, quando as Escrituras Sagradas falam de *"Moisés e os Profetas"*, estão se referindo a todos os livros que compõem o Cânon do Antigo Testamento (Ne.9.14,29-30; Dn.9.2,6,11; Zc.7.12; Mt.5.17-18; 22.40; Lc.16.16,29,31; 24.27). A tríplice divisão (*Lei, Profetas e Escritos*), contendo todos os trinta e nove livros do Antigo Testamento, só tem lugar a partir do século V d.C.

É pertinente mencionarmos a existência de uma *continuidade profética* na formação canônica do Antigo Testamento, pois não há que se pensar que determinado livro tenha sido escrito e, após isso, ficado esquecido em uma estante qualquer até o momento de ser avaliado e, depois de passar pelo crivo canônico, receber o aval para ser utilizado pela comunidade como livro sagrado. Muito pelo contrário, os livros eram redigidos e aceitos como autoridade divina pela comunidade judaica, afinal de contas, tinha-se plena convicção da chamada profética de seu escritor e, consequentemente, da autoridade divina de seus textos. É o caso, por exemplo, do patriarca Moisés que, após escrever as leis contidas em Deuteronômio, ordenou que fossem colocadas ao lado da Arca do Concerto, símbolo máximo da presença divina entre a nação de Israel (Dt.31.24-26). Neste sentido, a lei de Moisés agregou-se ao Cânon que estava em formação.

Quando falamos de *continuidade profética* como elemento essencial no desenvolvimento canônico do Antigo Testamento, estamos afirmando que profetas mais novos utilizavam-se dos textos proféticos já existentes e, incorporando-os aos seus escritos (em forma de citação), transmitiam a mensagem de Deus numa seqüência harmônica. É neste sentido que encontramos referencia à lei de Moisés no livro de Josué (1.7), e este, por sua vez, citado no livro de Juízes (1.1), e assim sucessivamente. Portanto, como bem afirmaram Geisler e Nix (1997), cada profeta que surgia no cenário profético ligava sua história aos elos da história existente, descrita por seus antecessores, formando assim uma corrente contínua de livros divinamente autorizados e aceitos pelo povo de Deus.

5.5 – O Desenvolvimento Canônico do Novo Testamento

Quando falamos em Cânon do Novo Testamento não podemos nos esquecer que o processo de inclusão dos vinte e sete livros foi relativamente diferente daquele ocorrido com os livros do Antigo Testamento. Podemos citar como diferença marcante o fato de que uma vez definido quais livros eram verdadeiramente canônicos, isto é, autênticos, nenhuma dúvida era levantada sobre sua veracidade, o que não ocorreu com alguns livros do Antigo Testamento conforme vimos. Ademais, à medida que os livros eram escritos e as cartas eram enviadas e circulavam entre as comunidades cristãs do primeiro século, os próprios cristãos se encarregavam de reproduzi-los (copiá-los) e preservá-los, agrupando-os em volumes. Entretanto, esses volumes, ou simplesmente *coleções*, se multiplicavam na mesma proporção em que eram reproduzidos sem, contudo, haver um órgão religioso que exercesse o controle sobre essas reproduções, ou seja, não havia uma lista oficial dos livros genuinamente canônico.

Portanto, considerando-se o fato de que existiam várias coleções de livros tidos como sagrados que circulavam pelas diversas igrejas cristãs do primeiro século e a inexistência de uma lista oficial dos livros aceitos como canônicos, é natural que a tarefa de coligi-los em um único volume a partir de uma lista oficial se tornasse uma tarefa árdua e demorada. Entretanto, ainda que a coleção definitiva (como temos hoje) tenha demorado séculos para ficar pronta, havia entre a Igreja Primitiva aqueles que, por haverem participado de muitos dos acontecimentos públicos da vida de Cristo, tornaram-se testemunhas oculares. É por intermédio dessas testemunhas, consideradas aqui como uma espécie de *proto-cânon* (Cânon Primitivo), que muitos dos ensinos e informações a respeito de Jesus foram submetidos a testes para se averiguar sua autenticidade, a final de contas, histórias fantasiosas a respeito de Cristo e Seus ensinos é que não faltavam naqueles primeiros anos da era cristã.

Enquanto o Cânon do Novo Testamento não chega ao seu desfecho final, isso só acontecerá em 397 d.C., por ocasião do Concílio de Cartago, na África, o labor das testemunhas oculares tornou-se fundamental como critério mediante o qual os textos alcançaram seu reconhecimento e legitimidade. Ademais, é em virtude disso que os livros do Novo Testamento foram aceitos como Escrituras canônicas antes mesmo dessa época, pois todos os vinte e sete livros já haviam sido recebidos e reconhecidos como canônicos antes do final do primeiro século da era cristã, ou seja, o Cânon já estava completo. Entretanto, o processo canônico como um todo estendeu-se por mais uns séculos, ficando oficialmente encerrado por ocasião do já citado Concílio, em 397 d.C.

Questão para Reflexão

A Canonização, como ficou conhecido o longo e criterioso processo de junção dos escritos sagrados em um único volume, demonstrou que a formação da Bíblia Sagrada não foi algo imediato, mas consumiu um longo período de tempo. Qual a principal característica desse processo divino?

UNIDADE II

A INSPIRAÇÃO DAS ESCRITURAS SAGRADAS

Nesta unidade, trataremos de um dos assuntos de maior relevância para o estudo da Teologia Bíblica – a inspiração das Escrituras Sagradas. No primeiro capítulo, verificaremos a etimologia, o conceito teológico, as características e as relações estabelecidas entre o termo e a revelação e iluminação das Escrituras Sagradas. No segundo, observaremos as particularidades e as provas que, espalhadas por toda Bíblia, comprovam sua plena inspiração. No terceiro, analisaremos o processo da inspiração em relação ao Antigo e Novo Testamento, enfocando, entre outras coisas, a chamada "rede seqüencial redativa" e as evidências da inspiração. No quarto, discutiremos a respeito das diversas teorias que, idealizadas por movimentos teológicos em suas épocas (ortodoxo, moderno e neo-ortodoxo), fizeram escolas e lançaram as bases para a compreensão da inspiração bíblica. Finalmente, no quinto capítulo, discorreremos sobre inspiração verbal plenária, enquanto teoria aceita por grande parte dos estudiosos da Bíblia, com enfoque nos argumentos em prol dessa teoria.

CAPÍTULO 1

Inspiração Bíblica: Definição, Características e Relações

Em setembro de 1945, após os últimos combates que puseram fim à Segunda Grande Guerra, foi encontrada, entre os escombros de uma pequena igreja da cidade de Berlim, Alemanha, uma parede com uma placa com a seguinte inscrição: *"Passará o céu e a terra, mas as minhas palavras permanecerão para sempre"*, (Lc.21.33). Esse acontecimento, antes de qualquer coisa, retrata a supremacia da Palavra de Deus, uma palavra que permanece para todo o sempre; que jamais será abalada ou perderá sua eficácia. Neste capítulo, verificaremos de forma objetiva e concisa a etimologia, o conceito teológico e as características fundamentais da inspiração bíblica, elementos essenciais na constatação do caráter sagrado e da autoridade das Escrituras. Observaremos também a relação entre inspiração e revelação, e entre a inspiração e o propósito da revelação, fazendo, entre esses dois momentos distintos, uma breve discussão a respeito da iluminação como elemento determinante para estudo das Sagradas Letras, sem a qual jamais poderíamos compreender a revelação divina.

1.1 – Inspiração: Etimologia e Conceito

A palavra *inspiração*, proveniente do termo grego *theópneystos*, que significa literalmente *soprado por Deus*, designa a influência plenamente sobrenatural de Deus, exercida pelo Espírito Santo sobre alguns homens, divinamente escolhidos, para uma missão específica: transmitir, mediante a palavra escrita, a mensagem do Criador. É desse ato sobrenatural que as Escrituras Sagradas tornaram-se fidedignas e fonte da autoridade divina. Como conceito teológico, esse termo nada mais é do que a intervenção divina no processo de transmissão escrita da vontade de Deus, conferindo aos textos sagrados o ar de sobrenaturalidade que lhes são peculiares. Isso explica por que os textos, apesar de terem sido redigidos por homens, apresentam três mil oitocentos e oito vezes, só nas páginas do Antigo Testamento, declarações como *"assim diz o Senhor"*. Além disso, no Novo Testamento há afirmações de que nenhum dos autores das Escrituras jamais imprimiu seus próprios pensamentos, conclusões ou pareceres nos textos que redigiram (IPe.1.21), isto é, que não elaboraram um compêndio de raciocínios ou imaginações oriundos dos seus próprios sentimentos e intelectualidade: *"[...] nenhuma profecia da Escritura é de particular interpretação; porque a profecia nunca foi produzida por vontade de homem algum, mas os homens santos de Deus falaram inspirados pelo Espírito Santo"* (IIPe.1.21).

1.2 – As Características Fundamentais da Inspiração

A Bíblia, que recebe a designação de *Palavra de Deus*, é a única obra dotada de inspiração divina, por isso se constitui fonte de autoridade para a fé e prática da vivência cristã, ou seja, somente a Bíblia Sagrada (Antigo e Novo Testamento) é digna de total confiança e dotada da autoridade divina para a vida plena daqueles que desejam viver em santidade. Isso explica a famosa expressão paulina: *"Toda Escritura é divinamente inspirada e proveitosa para ensinar, para repreender, para corrigir, para instruir em justiça"* (II Tm.3.16).

Essa inspiração, capacidade comunicada aos escritores pelo Espírito Santo para receberem a mensagem divina e registrá-la com plena exatidão, marca digital do seu supremo autor e prova indiscutível da origem divina dos livros, apresenta três características fundamentais: é fonte divina (Deus), o ser humano foi utilizado como instrumento e a autoridade repousa no texto.

1.2.1 – Fonte Divina

A primeira característica está pautada no fato de que a inspiração da Bíblia tem sua fonte em Deus, ou seja, foi Ele, por intermédio da instrumentalidade de seus patriarcas, profetas e discípulos, que falou aos homens, portanto, Ele é a origem, a fonte da inspiração, e não seus autores.

1.2.2 – O Ser Humano

A segunda característica da inspiração divina das Escrituras Sagradas diz respeito à instrumentalidade propriamente dita. Deus utilizou-se de *instrumentos humanos* para efetivar a transmissão de Sua vontade: *"Havendo Deus, outrora, falado muitas vezes, e de muitas maneiras, aos pais, pelos profetas, nestes últimos dias nos falou pelo Filho [...]"* (Hb.1.1-2). Esse versículo revela que a revelação dos mistérios de Deus contidos nos textos sagrados, desde Gênesis ao Apocalipse, ocorreu paulatinamente, de forma progressiva, tendo os profetas como instrumentos indispensáveis nesse processo. Indica também que esses profetas, uma vez habitados pelo Espírito Santo, foram, mediante a ação desse mesmo espírito, os canais de transmissão da suprema vontade de Deus.

É importante observar que, nessa ação de transmissão da vontade do Criador, os escritores produziram seus textos conscientemente, utilizando-se de seus próprios vocabulários, experiências e estilos literários. Deus, em nenhum momento, violentou a consciência de seus profetas ou foi além daquilo que seus porta-vozes foram capazes de testemunhar mediante suas experiências particulares: *"O que era desde o princípio, o que ouvimos, o que vimos com os nossos próprios olhos, o que temos contemplado, e as nossas mãos tocaram da Palavra da vida [...]; o que vimos e ouvimos, isso vos anunciamos [...]"* (I Jo.1.1,3).

1.2.3 – A Autoridade do Texto

A terceira característica da inspiração repousa na autoridade do próprio texto. As Escrituras Sagradas constituem-se autoridade máxima em questões que envolvem temas doutrinários e éticos, são aptas para a condução do homem a toda a verdade (Jo.5.39; 17.17), portanto, a qualidade repousa nos textos e não nos autores.

1.3 – A Inspiração e a Revelação

Os termos *inspiração* e *revelação*, embora tenham uma estreita relação, não apresentam o mesmo sentido. O primeiro refere-se ao ato soberano de Deus em conduzir os escritores sagrados no registro de Sua vontade com absoluta exatidão. O segundo, significa o desvendamento que Deus faz de Si mesmo através da palavra escrita – tendo a pessoa de Cristo como centro. É através da revelação que Deus, gradativamente, desenvolveu na humanidade a percepção da realidade divina, tornando-a conhecedora de seu plano redentor. É em virtude da revelação que a Bíblia Sagrada é única.

1.4 – A Inspiração e a Iluminação

A *iluminação*, enquanto elemento estritamente relacionado à *inspiração*, consiste na capacidade, concedida por Deus, de compreensão das Escrituras Sagradas. Isto significa que o homem, para compreender tudo quanto lhe é revelado nas páginas sagradas, precisa do auxílio do Espírito Santo (1Co.2.12), que sem essa influência divina é impossível que haja consciência sobre Deus, compreensão de Seus mistérios e de Seus desígnios para conosco e para com o resto da humanidade. É essa capacidade que não nos permite permanecer na ignorância espiritual: *"[...] Fui achado pelos que não me buscavam, fui manifestado aos que por mim não perguntavam"* (Rm10.20). Ressaltamos que o conceito e a aplicabilidade desse elemento pode ser utilizado em duas situações distintas. A primeira diz respeito ao contexto mais amplo dos escritores e leitores das Escrituras Sagradas, ou seja, para que os autores sacros pudessem escrever tudo quanto Deus lhes revelava, era necessário que tivessem compreensão (iluminação) de tudo o que deveriam escrever. Essa iluminação, em contra partida, também alcança os leitores que, uma vez regenerados pelo poder do Espírito Santo, passam a compreender as Escrituras Sagradas. É neste sentido que exclama o salmista: *"Desvenda os meus olhos, para que eu contemple as maravilhas da Tua lei"*, (Sl.119.18).

A segunda situação, propalada por alguns estudiosos, refere-se a um contexto restrito dos escritores sagrados, ou seja, os autores da Bíblia foram capacitados com uma profunda percepção religiosa que lhes dava condições de compreenderem o que Deus desejava que fosse escrito. Neste sentido, a *iluminação* não é concedida na mesma medida a todos os escritores sagrados, e sim, com diferentes gradações de compreensão entre eles. Portanto, segundo pensam, alguns escritores sacros tiveram uma parcela maior de iluminação divina em detrimento dos outros.

1.5 – Inspiração e o Propósito da Revelação

A *inspiração* divina resume plenamente o propósito da revelação das

Escrituras Sagradas: *"[...] que todos os homens se salvem, e cheguem ao pleno conhecimento da verdade"*, (ITm2.4). É neste sentido que Thiessen (1987) afirma: *"ficamos mais seguros por termos descoberto que os registros que nos dão essa revelação são genuínos, dignos de confiança e os únicos qualificados para transmitir essa revelação"*. Isso significa que sem a doutrina da *inspiração bíblica* – essencial no processo de revelação – não seria possível existir a certeza de que os registros ali contidos são genuínos e que refletem a plena verdade de Deus revelada exclusivamente a homens completamente diferentes entre si (Josué, um general; Amós, um boiadeiro; Neemias, um copeiro; Mateus, um funcionário público; Pedro, um pescador; Lucas, um médico; Paulo, um rabino), que viveram em épocas distintas (Moisés, em 1520 a.C.; Daniel, em 605 a.C.; Mateus, século I d.C.) e em situações mais distintas ainda (Davi, em tempos de guerra; Salomão, em tempos de paz; Paulo, em tempos de opressão).

Apesar de todas essas provas que confirmam a inspiração como o resumo da totalidade do propósito da revelação contida na Bíblia Sagrada, existem teorias que divergem dessa suprema verdade, são elas: Teoria da Acomodação, Teoria da Contradição, Teoria da Ignorância e Teoria do Conflito.

1.5.1 – Teoria da Acomodação

De acordo com a teoria da Acomodação, os escritores sacros, especificamente os do Novo Testamento, teriam "acomodado", "adequado", sua linguagem literária à realidade espiritual vivida em seus dias, trazendo para o texto das Escrituras Sagradas os elementos circundantes em sua época, ou seja, davam aos acontecimentos do dia-a-dia uma leitura compatível com o que estava indicado no Texto Sagrado. Para os defensores dessa teoria, os discípulos de Jesus que, segundo eles, não acreditavam na inerrância da Torah (o Antigo Testamento), era insustentável a tese de que, mediante a *inspiração*, os livros ali dispostos estavam isentos de toda e qualquer espécie de erro.

1.5.2 – Teoria da Contradição

A Teoria da Contradição considera que a Bíblia apresenta contradições que a torna inconsistente, porém o que os críticos, adeptos dessa teoria, chamam de contradição, não passa de aparente contradição, que pode ser facilmente desvendada com um razoável conhecimento hermenêutico (intimidade com as clássicas regras de interpretação bíblica) e uma leitura mais atenta. Em síntese, não é difícil perceber a falsidade dos argumentos que sustentam essa teoria.

1.5.3 – Teoria da Ignorância

A Bíblia, em nenhum momento, nega ou esconde, a condição cultural e intelectual dos escritores sagrados. À exceção de Lucas e Paulo, no Novo Testamento, e Moisés, no Antigo, que eram homens letrados e com notável conhecimento cultural, os escritores sacros eram em sua totalidade homens de conhecimento mediano e, dentre esses, alguns iletrados e incultos (At.4.13). Alguns eram simples pescadores (Mt.4.18-22), outros realizavam tarefas as quais não exigiam alto grau de intelectualidade e cultura, tais como: cobrança de impostos, Mateus (Mt.9.9; Mc.2.13-14); mordomia, Neemias (Ne.1.11); e pecuária, Amós (Am.7.14). É justamente com base nas informações sobre a pouca instrução cultural da grande maioria dos escritores das Escrituras Sagradas, é que se fundamenta a Teoria da Ignorância.

Segundo os proponentes dessa teoria, a inspiração das Escrituras Sagradas e sua conseqüente inerrância é um contra-senso, pois, se os escritores dos textos sagrados não tinham uma intelectualidade acima da média e, em sua grande maioria, eram homens iletrados e incultos (At.4.13) seria impossível que redigissem textos isentos de erros. Segundo eles, o próprio Jesus, em virtude de sua humanização (ou encarnação), não era diferente dos demais discípulos e em nada diferia dos homens de sua época, pois, assim como aqueles, não teve acesso às grandes descobertas científicas, arqueológicas e históricas do nosso tempo. Isso, por conseguinte, fez d'Ele, e de todos os escritores das Escrituras Sagradas, prisioneiro da ignorância cultural de sua época.

1.5.4 – Teoria do Conflito

Os defensores da Teoria do Conflito, utilizando-se de passagens como Mateus 22.29, Marcos 12.24 e João 5.39, sustentam que, a despeito da *Teoria da Ignorância*, Cristo e seus discípulos tinham conhecimento, entretanto, estavam em níveis amplamente distintos e conflituosos entre si. Segundo os proponentes dessa teoria, Cristo, em diversas ocasiões, procurou conduzir seus apóstolos e discípulos aos textos do Antigo Testamento como fonte das revelações de Deus, procurando, conseqüentemente, salvá-los das enganosas tradições dos judeus legalistas.

Afirmam os adeptos desse pensamento que, de um lado temos o

Senhor Jesus, conhecedor dos profundos mistério de Deus e magistralmente além do Seu tempo, e, do outro, os apóstolos e discípulos, mergulhados na ignorância e tendentes às errôneas tradições dos judeus. Neste sentido, concluem, os autores da Bíblia, à exceção de Jesus, não poderiam redigir textos isentos de erros quando eles mesmos eram propensos ao erro e à ignorância.

Essas teorias apresentadas são apenas algumas das diversas que, ao longo da história, têm surgido com o intuito de negar a inspiração, a revelação e, consequentemente, a inerrância das Escrituras Sagradas. Oriundos de mentes desprovidas do novo nascimento e divorciadas da plena fé em Cristo, esses argumentos refletem, com menor ou maior intensidade, as sutilezas de Satanás em perverter a verdade, e, uma vez intentando contra a credibilidade das Escrituras, conduzir os homens a todos os tipos de erros.

Questão para Reflexão:

As Escrituras Sagradas são inigualáveis em seus preceitos e origens: trazem a revelação de Deus aos homens e a inspiração em suas palavras constituem o selo de sua plena autoridade. Qual seria o grau de conseqüência para o estudo das Escrituras se a inspiração divina recaísse sobre a pessoa do autor e não sobre os textos redigidos?

Capítulo 2

Inspiração: Particularidades e Provas

Neste capítulo, trataremos das particularidades e das provas que efetivamente asseguram a credibilidade da inspiração dos livros que compõem a Bíblia. Para isso, verificaremos como a inspiração divina alcançou os chamados textos autógrafos e como foram feitas as cópias a partir desses originais. Em seguida, observaremos o testemunho que a Bíblia dá a respeito de si mesma, um elemento poderoso na confirmação da origem divina de suas páginas; e citaremos algumas provas que reafirmam a inspiração divina das Sagradas Letras.

2.1 – A Inspiração dos Autógrafos e as Cópias

A descoberta arqueológica dos manuscritos do Mar Morto, na região de Qumran, nas proximidades de Jericó, em 1947, segundo estudiosos, foi a mais importante do século XX para a cristandade, pois os textos encontrados ampliaram o entendimento dos livros que compõem o Antigo Testamento e possibilitaram uma melhor compreensão do contexto histórico, cultural e religioso do Novo Testamento. Entretanto, são apenas reproduções dos chamados autógrafos, detentores da inspiração divina. Na verdade, cópias feitas a partir de outras cópias, pois no momento em que era finalizada a transcrição de um determinado livro que estava em péssimo estado de conservação, seja em virtude do uso constante ou da deterioração natural do material utilizado na confecção daquele texto, o livro de onde se havia extraído a cópia era tirado de circulação.

É preciso ressaltar, antes de nos referirmos à inspiração divina nessas cópias manuscritas, que esses textos, embora sejam transcrições dos autógrafos, merecem toda a credibilidade porque foram copiados pelos escribas com minuciosa cautela e fidelidade de conteúdo. Para se ter uma idéia do esmero desse trabalho, temos o exemplo do livro do profeta Isaías que, descoberto nas cavernas de Qumran, em 1947, corresponde, em termos de conteúdo mais amplo, exatamente ao texto dos escribas massoréticos – escribas que tinham a responsabilidade de zelar pelas escrituras – feito em 916 d.C., ou seja, mesmo existindo um espaço de tempo considerável entre um texto e outro – mais de mil anos – a exatidão e a fidelidade do conteúdo permanecem incomuns.

2.1.1 – Fidelidade do Conteúdo

A transcrição das Sagradas Escrituras, conforme já mencionamos, era realizada por um copista. O termo, proveniente do hebraico (*Sofér*), tem a ver com contagem e registro, podendo seu significado denotar um secretário (Jr.36.32; Ez.9.2-3), ou ainda, um escriba (Ed.7.6). É na época do sacerdote Esdras – quando se deu o retorno dos judeus que estavam em Babilônia para a Palestina – que os escribas judeus passaram a se destacar como copistas, isso para atender as Sinagogas que, ao se multiplicarem, necessitavam de cópias da Torah. O próprio Esdras é identificado como *"copista destro da lei de Moisés"* e como *"copista das palavras dos mandamentos do Senhor e dos Seus regulamentos para com Israel"* (Ed.7.6-7,11).

É essencial que se repita, neste momento, que os copistas (ou escribas) primavam pela fidelidade do conteúdo do material transcrito. É nesse sentido que o salmista escreve: *"[...] a minha língua é como a pena de habilidoso escritor"*, (Sl.45.1), ou seja, desejava o salmista que sua língua funcionasse como a pena nas mãos de um habilidoso copista, alguém que tinha a responsabilidade de zelar pela fidelidade do conteúdo copiado. O cuidado que os escribas tinham com o texto era tanto que chegavam a contar não só as palavras copiadas, mas também as letras, objetivando a integridade da cópia. Entretanto, com o passar do tempo, conforme veremos a seguir, erros não intencionais foram surgindo em algumas cópias, sem, contudo, prejudicar a essência do texto.

2.1.2 – Os Erros de Transcrição

Apesar de todo o cuidado que os escribas tinham no processo de transcrição para evitar que erros ocorressem nos textos, com o decorrer do tempo alguns equívocos foram surgindo em algumas cópias. São erros pontuais e não intencionais que, por sua natureza, ou seja, provenientes dos longos trabalhos de transcrição, não acarretam gravesconseqüências e não alteram o sentido pleno do texto. É o caso, por exemplo, da divergência entre os textos de I Reis 4.26 e II Crônicas 9.25. Neste, diz-se que Salomão tinha quatro mil cavalos, naquele, quarenta mil. Seja o que for, o que temos aqui é um evidente erro de um copista, o que, por sua vez, não prejudica o entendimento do texto e muito menos invalida a inspiração do conteúdo, tendo em vista que não há nenhum prejuízo teológico a quantidade de cavalos pertencentes a Salomão. Considerar que esses detalhes interferem no conteúdo, seria o mesmo que admitir que o Partenon grego não tenhasido construído de mármore só porque aqui e ali foram encontradas algumas partículas de areia em sua estrutura. É em virtude da possibilidade da existência de erros, mesmo que mínimos e irrelevantes, nostextos transcritos que os estudiosos preferem trabalhar com os textos mais antigos, pois, quanto mais próximos dos autógrafos, me-nor a possibilidade de falhas.

Podemos afirmar que a incidência de erros nos manuscritos mais recentes se deve a duas razões básicas: ilegibilidade de alguns textos aserem transcritos (naquela época não havia textos impressos) em virtude do tempo de uso do texto ou de palavras ortograficamente mal escritas, ou ainda, oriundas da simples distração do copista. É o que acontece com os textos de Reis e Crônicas. Quando comparados os dois textos– lembremos que são mil anos entre um texto e outro – percebe-se pouca variação entre eles. Segundo Archer Jr., emérito diretor da Divisão de Antigo Testamento na *Trinity Evangelical DivinitySchool*(Escola Teológica Evangélica Trindade), Illinois, Estados Uni-dos, o texto do profeta Isaías foi redigido provavelmente em 125 a.C., possui noventa e cinco por cento (95%) de semelhança com o texto que utilizamos atualmente (o *texto padrão*, copiado pelos Massoretas em 916 d.C.), ficando os cinco por cento (5%) restantes atribuídos a evidentes erros de transcrição do original ou simples variações ortográficas.

Geisler e Nix (1997) fazem o seguinte comentário sobre esse assunto:

"Das 166 palavras em Isaías 53, só há dúvidas sobre dezessete letras. Dez dessas letras são uma simples questão ortográfica, o que não afeta o sentido. Quatro outras letras implicam pequenas alterações estilísticas, tais como conjunções. As três letras restantes formam a palavra luz, que é acrescentada no versículo onze, e que não afeta grandemente o sentido [...]. De modo que, num capítulo de 166 palavras, há dúvidas sobre uma única palavra (três letras) após mil anos de transmissão – e essa palavra não altera significativamente o sentido da passagem".

Em se tratando da inspiração das cópias, é ponto pacífico entre os especialistas no assunto que, enquanto ação sobrenatural de Deus em conduzir os patriarcas, profetas e discípulos na transmissão escrita de Sua vontade, circunscreve-se aos autógrafos, ou seja, o compromisso de Deus em privá-los de cometer erros durante o registro das revelações que Ele lhes concedia é particularidade dos originais, não das cópias. Portanto, os autógrafos é que são plenamente inspirados, pois sobre eles incidem a ação sobrenatural de Deus em expurgar todo e qualquer tipo de erro. As cópias (ou transcrições), por sua vez, dependem de sua proximidade com esses originais, isto é, quanto mais fiéis a esses textos, mais da inspiração divina elas refletem. Neste sentido, as cópias, em contraste com os autógrafos que possuem *inspiração original*, possuem *inspiração reflexa*, ou seja, só são inspiradas, e, consequentemente autorizadas e divinas, à medida que reproduzem com perfeita exatidão os autógrafos.

2.2 – A Bíblia e o Testemunho de Si Mesma

Já mencionamos anteriormente que os primeiros textos, os autógrafos, não existem mais. O que temos à nossa disposição são cópias que se multiplicaram ao longo da história, algumas fiéis aos primeiros originais, outras nem tanto. Logo, é a partir dessas transcrições, realizadas e preservadas graças ao esmero e dedicação dos rabinos e escribas judeus, que foram feitas as diversas traduções da Bíblia. É nesse contexto que alguns estudiosos, críticos dos textos bíblicos, levantam indagações a respeito da perfeição dos originais, pois, segundo eles, não há como ter certeza de que os autógrafos não continham erros, uma vez que já não existem mais. Entretanto, a questão da inerrância dos *autógrafos* não deve ser tratada no campo do conhecimento empírico, ou seja, não se pode obter a certeza da inerrância bíblica a partir de experiências, mas das declarações que as próprias Escrituras fazem de si mesmas.

A Bíblia declara sua plena inspiração: *"Toda Escritura é inspirada por Deus e útil para o ensino, para a repreensão, para a correção, para a educação na justiça"*, (IITm.3.16), e sustenta que: *"[...] nunca jamais qualquer profecia foi dada por vontade humana, entretanto homens falaram da parte de Deus movidos pelo Espírito Santo"*, (IIPe.1.21). Assim sendo, entende-se as Escrituras Sagradas como a suprema declaração de um Deus que não comete falhas ou erros, e tudo quanto seus autores humanos escreveram era proveniente do Espírito Santo.

O fato é que aquilo que os autores sacros escrevem é, segundo o testemunho das próprias Escrituras, aquilo que o próprio Deus fala. Segundo Hodge (2001), o próprio Jesus declarou que o rei Davi, pelo Espírito Santo, chamou o Messias de *Senhor* (Mt.22.43). Escreveu o salmista: *"Hoje, se ouvirdes sua voz, não endureçais o coração"*, (Sl.95.7-8). O autor da epístola aos Hebreus (3.7-8), por sua vez, diz que essas palavras registradas pelo salmista foram ditas pelo próprio Espírito Santo: *"Portanto, como diz o Espírito Santo: Se ouvirdes hoje a sua voz, não endureçais os vossos corações"*. Semelhantemente, ainda na mesma carta aos Hebreus, escreve o autor sacro: *"E também o Espírito Santo no-lo testifica, porque depois de haver dito: Esta é a aliança que farei com eles depois daqueles dias, diz o Senhor [...]"* (10.15-16), afirmando que essas palavras, redigidas pelo profeta Jeremias (Jr.31.33), são palavras do próprio Deus.

Da mesma forma Lucas, em Atos 4.24-25: *"E, ouvindo eles [os apóstolos] isto, unânimes levantaram a voz a Deus, e disseram: Senhor, tu és o Deus que fizeste o céu, e a terra, e o mar e tudo o que neles há; que disseste pela boca de Davi, teu servo: Por que bramam os gentios, e os povos pensam coisas vãs?"*, e Paulo, em Atos 28.25: *"Bem falou o Espírito Santo a vossos pais, por intermédio do profeta Isaías [...]"*. É desta forma que as Escrituras, na instrumentalidade de seus escritores, reafirma que tudo quanto eles diziam, era o que o Espírito Santo dizia. Portanto, inteiramente infalível e isento de qualquer tipo de erro, falha ou engodo.

2.3 – Provas da Inspiração Bíblica

Afirmamos anteriormente que a inspiração se constitui a fonte de autoridade para a fé e para a prática da vivência cristã e que somente as Escrituras possuem a designação de Palavra de Deus. Tais afirmações podem ser comprovadas mediante a natureza própria de Deus; declarações que as próprias Escrituras fazem a seu respeito; as afirmações feitas por Jesus e apóstolo; as profecias que se cumpriram ao longo da história.

As Escrituras Sagradas não se preocupam em provar a existência de Deus mediante provas formais, elas simplesmente a assumem desde o início de sua páginas (Gn.1.1), reconhecendo-a como auto-evidente (Rm.1.20), como crença natural e inerente à própria natureza humana (Rm.2.15), demonstrando, mediante os atributos morais de Deus (santidade, justiça, fidelidade, misericórdia, amor e bondade), um ser que se preocupa com os seres criados à Sua imagem e semelhança. Doutrinas tão profundas como a encarnação do Verbo, a expiação vicária de Cristo, a adoção, a regeneração do pecador, a Santíssima Trindade, o arrebatamento da Igreja, a volta de Cristo e o batismo no Espírito Santo requerem a chancela e direção de um Espírito perfeito e infalível objetivando um entendimento claro e seguro, extirpando todo e qualquer mal entendido, e mostrando a natureza própria de Deus.

As declarações que a Bíblia faz de si mesma é mais um item da comprovação de que se trata da designação da Palavra de Deus, pois encontramos, no Antigo Testamento, milhares de vezes declarações de que a escrita foi realizada sob inspiração de Divina: *"e disse Deus"* ou *"assim diz o Senhor"*. No Novo Testamento, a situação também não é diferente porque são encontradas diversas expressões que revelam a mesma informação: *"Nas palavras que o Espírito ensina"*; *"declarando-vos todo o desígnio de Deus"*; *"como em verdade, a palavra de Deus"*; *"os mandamentos de Deus"*. Como é possível perceber, em ambos os testamentos são reivindicadas perfeição e autoridade absolutas (Dt.27.26; 2Rs.17.13; Sl.19.7; 119.89; Is.8.20; Gl.3.10).

Segundo Pearlman (1985), as Escrituras Sagradas afirmam sua inspiração e sustentam essa reivindicação mediante seu próprio caráter; seus autores são honestos e íntegros, por isso não podem ser postos em dúvidas; seu conteúdo sublime revela a mais perfeita vontade de Deus ao mundo; sua influência transforma os homens e lapida seu caráter; sua autoridade é inquestionável e incomparavelmente suprema.

As afirmações feitas por Jesus e pelo apóstolo João também se constituem em prova irrefutável da inspiração das Escrituras Sagradas. João, no capítulo 10, versículo 34 e 35, declara que as Escrituras não podem falhar e, no capítulo 14, versículo 26, imprimindo a chancela da aprovação divina sobre as páginas do Novo Testamento, afirma: *"[...] mas o*

Consolador, o Espírito Santo, a quem o Pai enviará em meu nome, esse vos ensinará todas as cousas e vos fará lembrar de tudo o que vos tenho dito". Nesse último versículo, fica evidente que tudo quanto os apóstolos e discípulos de Jesus ensinariam e escreveriam não seria proveniente deles mesmos, mas do Espírito Santo, o Consolador. O Senhor Jesus, por sua vez, assumindo a inspiração dos textos sagrados, afirma não ter vindo com o objetivo de anular os preceitos da lei e as profecias, antes, cumpri-los (Mt.5.17). É com esse propósito que afirmou: *"Até que o céu e a terra passem, nem um i ou um til jamais passará da lei, até que tudo se cumpra"* (Mt.5.18). Esse conceito pleno de inspiração professado por Jesus permite que não haja qualquer dúvida sobre a veracidade das Escrituras.

As profecias são fatos que, pela exatidão do cumprimento, corroboraram para a comprovação da veracidade da obra. No Antigo Testamento, por exemplo, há trezentas e trinta e duas diferentes profecias acerca de Jesus, as quais se cumpriram fielmente. Entre elas, temos como exemplo: *Nascimento da semente da mulher* (Gn.3.15, Gl.4.4); *Nascido de uma virgem* (Is.7.14, Mt.1.18,24-25); *Pertencente à tribo de Judá* (Gn.49.10,Lc.3.23,33); *Nascido em* Belém (Mq.5.2, Mt.2.1); *Ministério iniciado na Galiléia* (Is.9.1, Mt.4.12-13,17); *Crucificado entre ladrões* (Is.53.12, Mt.27.38); *Ressurreição* (Sl.16.10, At.2.31); *Ascensão* (Sl.68.18,At.1.9).

A ciência arqueológica é outro fator de comprovação de veracidade dos textos bíblicos, pois as descobertas de materiais, do remoto período adâmico ao Império Greco-Romano, têm trazido à luz elementos que, direta ou indiretamente, confirmam a exatidão dos relatos bíblicos. Entre essas descobertas, há uma tábua encontrada na antiga Babilônia com o registro de um relato sobre o dilúvio que, de tão semelhante com a descrição contida no livro de Gênesis (6.13-8.22), considera-se uma versão da narrativa da Bíblia. Os Hititas, por exemplo, povo mencionado nos textos bíblicos como *"heteus"* (Gn.10.15; 23.1-20; Nm.13.29; Js.9.1-2; 11.3; ISm.26.6; IICr.8.7) e cuja própria existência era posta em dúvida até bem recentemente, foram comprovados pela arqueologia como tendo sido um povo poderoso que habitou na Ásia Menor e na região palestina na exata época em que as Escrituras indicam.

A História da Igreja é outra prova da inspiração das Sagradas Letras, pois durante os longos séculos grandes nomes do pensamento cristão levantaram suas vozes e deram suas vidas em defesa da inspiração e inerrância das Escrituras Sagradas. Santo Agostinho, conforme a análise de Oliveira (1987), é um desses exemplos, porque, independente do meio utilizado por ele para chegar à conclusão de que a Bíblia é a Palavra de Deus, fez sobressair em suas obras literárias a convicção quanto a inspiração plena das Escrituras Sagradas de modo a convencer os reformadores protestantes a adotarem sem nenhum questionamento ou reservas a declaração acerca dessa verdade: *"[...] nenhuma palavra e nenhuma sílaba é supérflua nas Escrituras [...]. Aprendi a dar a eles (os Livros Canônicos) tal honra e respeito a ponto de crer com muita firmeza que nenhum destes autores errou ao escrever qualquer coisa que seja"*. Martinho Lutero é outro exemplo a ser citado a respeito da defesa da Bíblia como palavra de Deus. No texto de Boice (1982), *"O Alicerce da Autoridade Bíblica"*, encontramos a seguinte declaração do reformador:

> *[...] ou cremos redondamente, totalmente e completamente, ou nada cremos: o Espírito Santo não se deixa cortar ou separar, de modo que deixasse uma parte ser ensinada ou crida de modo verdadeiro, a outra parte de modo falso [...]. Pois é moda dos hereges começarem primeiramente com um único artigo, mas depois todos devem ser totalmente negados, como um anel que não tem mais valor quando tem uma quebra ou corte, ou um sino que, quando está rachado num lugar, não soará mais, e é totalmente inútil.*

Segundo Thiessen (1987), o grande avivalista inglês John Wesley, elaborando seus argumentos em favor da inspiração e inerrância das Escrituras, diz que a Bíblia deveria ter sido redigida por homens e anjos maus, por homens e anjos bons, ou pelo próprio Deus. Não poderia ter sido escrita por homens e anjos maus ou demônios, porque ela os condena às chamas do inferno por toda a eternidade; e não poderia ter sido escrita por homens e anjos bons, porque jamais teriam dito: *"assim diz o Senhor"*, uma vez que eram eles que o diziam. Neste sentido, concluiu Wesley, só poderia ter sido escrita pelo Supremo Senhor – Deus, portanto, plena de inspiração divina.

Questão para Reflexão:
A inspiração das Sagradas Escrituras é um dos maiores eventos sobrenaturais da história humana. Tendo isso como verdade, a importância desse livro estaria na inspiração ou no conteúdo por ela revelado?

Capítulo 3

A Inspiração do Antigo e Novo Testamento

No capítulo anterior, verificamos a questão da inspiração das Escrituras, observando as particularidades e provas pertinentes ao tema. Neste capítulo, trataremos, de forma específica e concisa, da inspiração do Antigo e Novo Testamento, analisando a relação entre os profetas e a inspiração profética do Antigo Testamento, as Escrituras e a chamada Rede Seqüencial Redativa; a inspiração dos autores do Novo Testamento; e a forma como a Igreja Primitiva e os Pais Apostólicos tratavam os escritos dos apóstolos e discípulos de Jesus.

3.1 – A Inspiração do Antigo Testamento

A inspiração do Antigo Testamento facilmente pode ser percebida mediante diversos fatores essenciais, entre eles: a pessoa do próprio profeta, que se constitui o elemento humano nesse maravilhoso processo de composição da Palavra de Deus, bem como os diversos termos utilizados para se referir a eles; a função profética que exercem e a chamada *rede seqüencial redativa*, elemento indispensável na continuidade produtiva dos textos que compõem o Antigo Testamento.

3.1.1 – Profetas: Termos Afins e Credibilidade

Os profetas eram chamados de *videntes* (1Sm.9.9,19), *mensageiros do*

Senhor (Is.42.19), *atalaias* (Jr.6.17; Ez.3.17) e *homens de Espírito* (Os.9.7). Essas designações evidenciam, para todos os efeitos, o sentido do ofício desempenhado por eles nos tempos do Antigo Testamento. Quando as Escrituras falam de vidente, por exemplo, o que pretendem é indicar que a função profética, exercida por eles, ultrapassa em muito os limites físicos da nação judaica, ou seja, a mensagem da qual eram porta-vozes, ultrapassaria as fronteiras, alcançando todas as nações. É interessante que o termo hebraico utilizado para essa designação é *Rô'eh*, que enfatiza o elemento subjetivo, a saber: a recepção da revelação divina pelo vidente (HARRIS, 1998).

O termo *Mensageiro do Senhor*, por sua vez, possui a clara indicação de sua missão a serviço da divindade. Neste sentido, o profeta era muito mais que portador de uma mensagem divina (2Cr.36.15-16; Ag.1.13), era um representante oficial de Deus entre seu povo. Assim sendo, o mensageiro podia desempenhar as seguintes tarefas: levar uma mensagem; incumbir-se de alguma outra atividade específica ou ainda representar, de modo oficial, aquele que o envia.

Quando se refere ao profeta como *atalaia*, o Antigo Testamento deseja enfocar a prontidão deste em realizar a obra para a qual o divino mestre o convoca. O atalaia é aquele cuja disposição deve ser inquestionável, apto para falar em nome do Senhor (Ez.3.17). A designação *homem de Espírito*, por outro lado, aponta para Aquele que o leva a falar. O profeta não fala de si mesmo, não chama a atenção para suas próprias causas, seu único desejo é satisfazer àquele que o chamou ao ministério profético, ou seja, deveria falar (e escrever) somente aquilo que o Senhor lhe ordenava: *"[...] porei as minhas palavra na sua boca, e ele lhes falará tudo o que eu lhe ordenar"* (Dt.18.18); *"Não acrescentareis à palavra que vos mando, nem diminuireis dela [...]"*, (Dt.4.2). O fato é que não poderiam haver dúvidas quanto ao profeta e a legitimidade de seu ofício, pois, caso contrário, estaria comprometido seu ministério entre o povo, e, consequentemente, a receptividade de sua produção literária.

Portanto, sempre que dúvidas pairavam sobre a vocação, chamada e ministério de determinado profeta, era imprescindível uma confirmação divina em forma de atos sobrenaturais. É em virtude disso que Eliseu, diante do desespero do rei de Israel com a carta enviada pelo rei da Síria para que o general Naamã fosse curado de lepra, disse: *"[...] por que rasgastes as tuas vestes? Deixa-o vir a mim, e saberá que há profeta em Israel"*, IIRs.5.8). Portanto, após mergulhar sete vezes nas águas do

Jordão, Naamã se viu livre da lepra *"[...] consoante a palavra do homem de Deus [...]"* (v.14).

Segundo Duffield e Van Cleave (1991), Deuteronômio alista algumas qualificações do profeta e testes de sua legitimidade:
- *"Alguém tirado dentre seus irmãos"* (18.18).
- *"Alguém que deve falar a seus irmãos em nome do Senhor"* (18.19).
- *"Pode anunciar sinais e prodígios com suas profecias"* (13.1).

Percebe-se, por meio dessas citações, a preocupação divina em reafirmar as palavras transmitidas aos profetas, porta-vozes do Senhor, pois suas palavras e escritos eram acatadas pelo povo como palavras e escritos do próprio Deus. Logo, dizer que o Antigo Testamento é composto de textos proféticos, produto das mãos dos profetas, é muito mais que aceitá-lo como simples *predição* (visão de evento futuro), mas, admiti-lo como plenamente inspirado, proveniente do coração de Deus e pleno de autoridade, pois transmitido mediante a instrumentalidade de homens idôneos e cujo ministério estava além de qualquer dúvida.

3.1.2 – Os Profetas e a Função Profética

A credibilidade que os profetas desfrutavam entre o povo judeu – claramente evidenciado pelos diversos termos atribuídos a eles – era fundamental para a aceitação de seus escritos como provenientes de Deus, plenos de inspiração divina. A isto soma-se o fato de que os próprios textos do Antigo Testamento reivindicam para si mesmos a inspiração divina com base no fato de se apresentarem e de serem recebidos como um pronunciamento genuinamente profético.

A função profética, portanto, era vista como uma escolha divina. Deus escolhia determinadas pessoas para serem Suas porta-vozes (Êx.7.1-2; 4.16; Jr.23.16; Is.1.20; Zc.7.12; Am.3.8; 7.16) e representantes do sobrenatural entre o povo. Daí a posição privilegiada que os profetas desempenhavam na sociedade judaica. A função era tão bem vista que o patriarca Moisés, o primeiro profeta nacional de Israel (Dt.18.15-19), manifestou seu desejo de que todo o povo se compusesse de profetas: *"Quem dera que todo o povo do Senhor fosse profeta [...]"* (Nm.11.29). Essa importância foi fundamental para que houvesse reconhecimento dos textos inspirados.

É importante salientar que na época formativa da cultura hebréia, e depois durante toda a história subseqüente de Israel, os profetas e os sacerdotes eram tidos como líderes civis e religiosos, isso em virtude das posições ocupadas por Moisés e Arão. É a partir da instituição da *Ordem Profética* que passa a existir a sucessão profética entre os judeus, sendo que em Cristo – o Messias e maior de todos os profetas – o ofício alcançaria seu mais elevado nível (Dt.18.15). A bem da verdade, a função profética como um todo e o profeta em particular, foram os principais instrumentos utilizados por Deus na transmissão escrita de Sua revelação – o Antigo Testamento, a final de contas, os textos foram produzidos e entregues ao povo por intermédio dos profetas.

3.1.3 – Os Profetas e as Escrituras

Os profetas, instrumentos utilizados por Deus para a redação dos textos do Antigo Testamento, podem ser classificados em dois tipos: aqueles que desenvolveram o ministério profético como ofício, ou seja, foram chamados, vocacionados e, em alguns casos, estudaram para isso na Escola de Profetas (1Sm.19.18-20; 2Rs.2.3-5; 4.38; 6.1); e aqueles que, a despeito do ofício, foram investidos da autoridade divina para atuarem no mesmo nível dos profetas vocacionados, como foi o caso de Amós (7.14-15): *"Eu não sou profeta, nem discípulo de profeta, mas boieiro e colhedor de sicômoros. Mas o Senhor me tirou de após o gado, e me disse: Vai, e profetiza ao meu povo Israel"*; ou ainda, Davi, que exercendo a função de rei, foi usado por Deus: *"O Espírito do Senhor fala por meu intermédio, e a sua palavra está na minha língua"* (IISm.23.2).

É importante observar que, ao contrário do que afirmam Geisler e Nix (1997), a manifestação do Espírito Santo na vida dos profetas-escritores do Antigo Testamento não pode ser classificada como dom da profecia, mas de função profética ou ofício profético. Isso porque o dom da profecia, conforme profetizado por Joel (2.28-29; At.2.15-21), só é concedido durante a *Dispensação da Graça* instaurada com o nascimento de Cristo (Gl.4.4) e inaugurada por ocasião do derramamento do Espírito Santo no dia de Pentecostes (At.2.2-4).

Neste sentido, o dom da profecia, na época do Novo Testamento, é concedido segundo a diligência daquele que o busca (ICo.12.31), contrariamente à época em que viveram os escritores do Antigo Testamento, quando Deus escolhia aquele a quem desejava usar. De qualquer modo, a participação dos profetas foi imprescindível para o registro e transmissão dos textos inspirados do Antigo Testamento, uma vez que não há provas materiais que atestem a existência de escritos proféticos conservados a par da coleção sagrada que se iniciou com a redação da lei mosaica, ou seja, se os textos são genuinamente proféticos, seu lugar no Cânon é natural e sua relação com os profetas-escritores, mais que evidente.

3.1.4 – Os Profetas e a Rede Seqüencial Redativa

Os profetas, conforme as exigências prescritas em Deuteronômio, capítulos 13 e 18, faziam parte de uma espécie de rede seqüencial redativa, ou seja, cada um deles dava continuidade à redação feita pelo seu antecessor imediato. É com base nessa seqüência que é possível compreender por que Josué, assim como outros autores (ISm.10.25), deu continuidade ao texto iniciado por outro profeta-escritor: *"E Josué escreveu estas palavras no livro da lei de Deus [...]"* (Js.24.26). Essa seqüência de escritos proféticos permitiu a formação e a manutenção de um registro oficial de todos os textos que, posteriormente, formariam o Antigo Testamento, tanto que o próprio Novo Testamento refere-se a ele como: *Palavra de Deus* (Mc.7.13; Rm.9.6; Hb.4.12), *Oráculos de Deus* (Hb.5.12), *Escrituras* (Mt.21.42; 22.29; Jo.10.35), *Moisés e os Profetas* (Lc.16.31), *Lei e os Profetas* (Mt.5.17; 7.12; Lc.16.16) ou simplesmente *Lei* (Jo.10.34; ICo.14.21) ou *Os Profetas* (Mt.26.56; Lc.24.25,27).

3.2 – A Inspiração do Novo Testamento

Não há como duvidar da legitimidade e autoridade dos textos do Antigo Testamento, uma vez que, conforme pontuamos repetidas vezes, tiveram seus autores a condução do Espírito Santo. Segundo Hodge (2001), se os textos da antiga dispensação foram dados por intermédio da inspiração divina, muito mais foram aqueles produzidos durante a dispensação do Espírito. Os apóstolos, discípulos e profetas da Nova Aliança jamais deixaram de qualificar seus escritos como inspirados, dispondo-os no mesmo nível dos textos do Antigo Testamento, é isso que Paulo faz ao se referir ao evangelho de Lucas como Escrituras: *"Pois a Escritura declara: Não amordaces o boi, quando pisa o grão. E ainda: O trabalhador é digno do seu salário"* (ITm.5:18, compare com Lc.10.7). Essa legitimidade é comprovada em virtude da confiança nas palavras do próprio Jesus de que o Espírito Santo, que lhes fora prometido (Jl.2:28) e ser-lhes-ia enviado após Sua ascensão aos céus (Jo.16.7), exerceria, durante o processo de redação, a função específica de orientador, lembrando-os de tudo quanto Jesus lhes havia ensinado durante o tempo em que permaneceu com eles, tornando seus escritos, e palavras ditas com base nestes, infalíveis: *"[...] não sois vós os que falais, mas o Espírito Santo"* (Mc 13.11); *"Quem vos ouve a vós, a mim me ouve [...]"* (Lc 10.16).

A experiência transformadora pela qual passaram os primeiros autores no dia de Pentecostes, ocasião em que o Espírito Santo desceu sobre eles (At 2.2), enchendo-os da unção e virtude do Espírito, foi radical, imediata e sem precedentes, pois tiveram suas resistências culturais e ideológicas superadas pela influência poderosa do Espírito Santo para serem representantes legais e porta-vozes de Deus sobre a terra. A partir daquele momento, passaram a ser novos homens, com novos conceitos, novo espírito e novo poder e autoridade, verdadeiros instrumentos de Deus na transmissão de Sua divina palavra. Tais condições tornavam a necessidade de perseverança, nos seus ensinos daqueles que desejavam seguir a Cristo, imprescindível para o recebimento da palavra de Deus: *"Por isso também damos, sem cessar, graças a Deus, pois, havendo recebido de nós a palavra da pregação de Deus, a recebestes, não como palavra de homens, mas como palavra de Deus, a qual também opera em vós, os que crestes"* (I Ts.2.13). Portanto, as palavras que proferiam e redigiam eram mandamentos do próprio Senhor (ICo.14.37) e, como tais, deveriam ser observadas com fé para a salvação: *"Nós somos de Deus; aquele que conhece a Deus ouve-nos; aquele que não é de Deus não nos ouve [...]"* (I Jo.4.6). Além disso, os próprios escritores sacros atrelavam a salvação dos homens à crença nas doutrinas que ensinavam e redigiam: *"[...] acolhei com mansidão a palavra em vós implantada, a qual é poderosa para salvar as vossas almas"* (Tg.1.21).

3.2.1 – A Igreja e as Evidências da Inspiração do Novo Testamento

Elencar uma série de evidências que, por si mesmas, comprovem a plena inspiração das páginas do Novo Testamento não é tarefa das mais difíceis. Isso porque, a própria postura da Igreja Primitiva com relação aos textos que utilizava demonstra que esses eram considerados divinamente inspirados desde os primeiros dias de existência da própria igreja.

Não podemos esquecer que, naqueles primeiros momentos da Igreja de Cristo, uma infinidade de livros e cartas pretensiosamente atribuídos aos apóstolos e discípulos de Jesus já circulavam entre as diversas comunidades. Alguns desses textos já apresentavam informações distorcidas e incertas a respeito de Jesus e Seus ensinamentos, por isso era fundamental que fossem combatidas para não causarem um relevante estrago ao conteúdo doutrinário da Igreja. É justamente para ordenar essas informações e purificá-las das meras crendices e engodos que Lucas (1.1-4), escrevendo a Teófilo, dispõe-se a redigir o Evangelho. A mesma ação foi repetida por Pedro (IIPe.3.16), Paulo (IITs.2.2-3), João (IJo.4.1-3) e Judas (Jd.3-4), os quais combateram veementemente os ensinos e deturpações perpetrados pelos falsos mestres, tendo como paradigma os textos inspirados do Novo Testamento.

Esses evangelhos e as epístolas, redigidos com o objetivo de combater os falsos ensinos e preservar as verdadeiras informações a respeito de Cristo, passaram a circular entre as diversas comunidades cristãs existentes. Paulo, ao escrever à igreja de Colossos, recomendou que se estabelecesse a prática de intercâmbio entre as igrejas de modo a circular as cartas enviadas: *"[...] uma vez lida esta epístola perante vós, providenciai por que seja também lida na igreja dos laodicenses; e a dos de Laodicéia lede-a igualmente perante vós"* (Cl.4.16). Esta, aliás, era uma prática constante entre os judeus, pois os rabinos costumavam fazer a leitura da Torah em público nas Sinagogas todos os sábados (Lc.4.16).

A partir do momento que as comunidades cristãs primitivas adotaram essa mesma prática de leitura pública – com a diferença de que o faziam aos domingos – e passaram a intercambiar entre si as cartas e livros dos apóstolos com plena aceitação desses escritos desde o começo da cristandade. É em virtude da consciência que as comunidades cristãs primitivas tinham da legitimidade, inspiração e autoridade dessas epístolas e livros, que cópias eram feitas e verdadeiras coleções eram formadas pelas igrejas do Novo Testamento.

3.2.2 – Os Pais Apostólicos e as Evidências da Inspiração do Novo Testamento

A maneira como os primeiros cristãos e a própria liderança da Igreja Primitiva tratavam os livros e cartas redigidos pelos apóstolos constitui-se em inquestionável prova de que eram tidos como plenamente inspirados e dignos de inteira confiança, tanto que eram dispostos ao lado do Cânon do Antigo Testamento. Além desse fato, temos o testemunho dos Pais Apostólicos, dos discípulos e dos líderes cristãos do final do século I d.C. até meados do segundo século. Seus escritos, que se caracterizavam pela simplicidade literária, sinceridade e convicção religiosa, constituem-se os mais antigos escritos do Cristianismo depois das Sagradas Escrituras.

Os Pais Apostólicos e seus escritos, representam o elo ininterrupto da reivindicação das páginas do Novo Testamento a favor de sua plena inspiração e autoridade divinas, passando pela fundação da Igreja e, sem quebra nem interrupções pelos séculos e milênios que se seguiram. São esses escritos que, trazendo inúmeras referências aos evangelhos e epístolas apostólicas, engrossam a fileira testemunhal a favor da divina inspiração do Novo Testamento. De acordo com Geisler e Nix (1997), essas referências não são transcritas literalmente do texto original, ou seja, não fazem menção, palavra por palavra, da fonte original, entretanto, qualquer leitor com o mínimo de senso perceptivo e um lampejo de argúcia, ao ler esses escritos redigidos pelos Pais Apostólicos, será capaz de notar que os textos do Novo Testamento desfrutam da mesma legitimidade, autoridade e estima atribuídas aos livros do Antigo Testamento.

Entre as principais obras dos Pais Apostólicos temos: as *Sete Cartas de Inácio* de Antioquia (117 d.C.), redigidas durante seu trajeto a Roma, onde seria martirizado; as *Epístolas de Clemente* de Roma, escritas provavelmente em cerca de 140 d.C.; as *Citações de Papias* de Herápolis (125 d.C.); as *Epístolas de Barnabé* (130 d.C.); as *Epístolas de Policarpo* (135 d.C.), endereçadas aos filipenses; e a *Strômata* de Clemente de Alexandria (215 d.C.), onde, entre outras coisas, declara que: *"As Escrituras [...] são válidas por causa de sua autoridade onipotente".*

Essas obras constituem-se inquestionável prova da plena aceitação que a literatura apostólica tinha entre os primeiros cristãos, e de como encaravam-na como Palavra de Deus, postas no mesmo nível do Antigo Testamento. Pelo menos é o que se deduz do testemunho de Hipólito, discípulo de Irineu, que viveu entre 170 e 236 d.C.:

> *"Estes homens abençoados [os escritores do Novo Testamento] tendo sido aperfeiçoados pelo Espírito da profecia, são dignamente honrados pela própria Palavra, foram trazidos a uma harmonia íntima [...] como instrumentos, e, tendo a Palavra dentro deles, por assim dizer, a fim de fazer ressoar as notas [...] pelo Senhor foram movidos, e anunciavam o que Deus queria que anunciassem. É que eles não falavam de sua própria capacidade*

[...] falavam daquilo que lhes era revelado unicamente por Deus".

Questão para Reflexão:

O Antigo e o Novo Testamento, não obstante o grande espaço de tempo entre os eventos históricos que registram e a composição redativa de cada um dos livros que os compõem, são igualmente plenos de inspiração? Por quê?

CAPÍTULO 4

Inspiração Bíblica e as Diversas Teorias

Os estudos referentes a Bíblia (tecnicamente chamada de *Bibliologia*) tornam indispensáveis alguns comentários sobre as diversas teorias que, ao longo da história da Igreja, têm surgido em torno do tema da *inspiração*. Por isso, neste capítulo, trataremos de alguns movimentos teológicos que, entre outras coisas, preocuparam-se em explicar como se processava, na prática, a inspiração das Sagradas Escrituras e que serviram de elemento formador e contraponto para tantas outras teorias. Portanto, entender como esses movimentos teológicos encaravam a inspiração dos textos bíblicos, dando-lhes diferentes concepções, nos ajudam a compreender o porque das várias objeções que, ao longo dos séculos, têm sido levantadas contra algumas dessas teorias.

4.1 – Os Principais Movimentos

Na lista dos movimentos teológicos que figuram como geradores das principais teorias a respeito da inspiração estão os movimentos: ortodoxo, modernista e neo-ortodoxo.

4.1.1 – O Movimento Ortodoxo

O movimento ortodoxo, que teve início nos primórdios da igreja, surgiu para combater a oposição imposta pela religião Judaica e os diversos movimentos heréticos que, à semelhança do gnosticismo – movimento dedicado à obtenção de um *conhecimento* superior para a obtenção da salvação – perpetravam ensinos completamente alheios àqueles constantes nas Sagradas Escrituras. No caso específico do Judaísmo, a igreja primitiva tratava de demonstrar, utilizando para isso os textos da Torah (o Antigo Testamento para os cristãos), que o Cristianismo, a despeito de ser essencialmente diferente daquela, abraçava os elementos fundamentais de sua fé, combinando-os com as supremas revelações de Cristo e seus apóstolos. É com base nesses ensinamentos, confrontando-os com os ensinos dos rabinos e hereges, que a ortodoxia da igreja primitiva vai sendo construída e solidificada. Portanto, o movimento ortodoxo, que é fruto de seu contexto histórico, teve como objetivo principal primar pela conformidade das formulações oficiais da igreja a respeito da verdade.

4.1.2 – O Movimento Modernista

O movimento Modernista, também denominado de movimento liberal ou simplesmente liberalismo, surgiu a partir do desenvolvimento da teologia alemã. Caracterizado pela tentativa de atualização de antigas doutrinas, cujos elementos são freqüentemente alterados no processo mediante uma nova erudição científica e filosófica, o movimento modernista enfatizava a ética prática, a justiça em termos mais amplos e o avanço da ciência, opondo-se drasticamente às rígidas ortodoxias da igreja, uma vez que, segundo os adeptos desse movimento, os conhecimentos religiosos (engessados pelos dogmas da igreja) estavam completamente ultrapassados ante os avanços da ciência e do conhecimento técnico-científico.

O movimento modernista provocou grande impacto no pensamento teológico nos primeiros anos de seu surgimento para, em 1919, com a publicação do clássico *Epístola aos Romanos*, de Karl Barth (1886-1968), perder força e arrastar-se história a dentro, sem exercer um terço da influência que havia exercido no início de sua história.

4.1.3 – O Movimento Neo-ortodoxo

O movimento neo-ortodoxo, por sua vez, se opõe às posturas teológicas encampadas pelos modernistas, preocupando-se em reelaborar a ortodoxia existente (mais rígida e antiga), tendo como principal objetivo reenfatizar as clássicas doutrinas protestantes, tais como a transcendência divina, a questão do pecado e a fé, contrapostas às idéias que os teólogos modernistas tinham sobre esses mesmos temas, ou seja, acreditavam na plena imanência divina, na bondade do homem e seu aprimoramento paulatino, entre outros que divergiam drasticamente dos conceitos neo-ortodoxos.

Grandes nomes da teologia contemporânea são intimamente associados às idéias neo-ortodoxas, entre eles: Sören Aabye Kierkegaard (1813-1855), Rudolf Bultmann (1884-1976), Karl Barth (1886-1968), Emil Brunner (1889-1966) e Reinhold Niebuhr (1892-1971).

4.2 – As Principais Teorias

Conforme acabamos de expor, cada movimento teológico traz consigo uma série de pensamentos a respeito de algum assunto de grande relevância para o contexto de onde ele surge. Neste sentido, os três movimentos (o ortodoxo, o modernista e o neo-ortodoxo) citados acima exerceram uma profunda modificação na forma de pensar e encarar determinados assuntos relacionados à teologia. E, não obstante a variedade de temas abordados por eles, destacaram-se, entre outras coisas, pela forma como encaram a inspiração.

4.2.1 – Teoria Ortodoxa Sobre a Inspiração

A maioria dos teólogos, passando pelo período patrístico, período histórico que vai do primeiro ao sétimo século da era cristã e pelo período escolástico, período histórico que tem início no século VII d.C. e vai até o século XV d.C., defendiam que a inspiração das Escrituras Sagradas deveria ser compreendida a partir da concepção ortodoxa.

A teoria ortodoxa, com raras exceções, postulava que a Bíblia é a Palavra de Deus, é o reflexo escrito da suprema vontade do eterno criador e sustentador de todas as coisas no céus e na terra. Não havia dúvidas, portanto, em relação à origem divina dos Escritos que traziam a chancela patriarcal, profética e apostólica, pois eram entendidos como verdadeiro registro daquilo que Deus desejava dar-lhes como regra de fé e conduta. Neste ponto, todos os teólogos convergiam, repetimos, com raras exceções. Por outro lado, calorosas discussões giravam em torno da conciliação que se poderia fazer entre os textos sagrados, obra exclusiva de Deus, e a participação dos autores humanos.

As discussões em torno do assunto acima mencionado arrastaramse por décadas, conduzindo os proponentes da escola ortodoxa a duas concepções distintas, variando de acordo com o ponto de vista adotado. A primeira concepção, denominada Teoria do Ditado Verbal, propunha que os escritores dos Textos Sagrados estavam limitados a redigirem apenas aquilo que Deus lhes ordenava, ou seja, as habilidades pessoais de cada escritor (como as características literárias) não deveriam fazer parte do texto final. A segunda, denominada Teoria dos Conceitos, defendia, em suma, que Deus não havia suprimido as habilidades e conhecimentos dos autores sagrados durante o registro das verdades divinas, ou seja, os traços literários de cada autor facilmente se podiam identificar no conteúdo dos textos sagrados.

De acordo Thiessen (1987:66), considerar a inspiração das Sagradas Escrituras sob o ponto de vista de Ditado Verbal pressupõe aceitar que o estilo literário é totalmente do Espírito Santo, e que, portanto, até a gramática tem que estar perfeita, afinal de contas, é a gramática do Espírito Santo. Se pensarmos assim, o livro do Apocalipse, escrito pelo apóstolo João, em algum momento entre 81 e 96 d.C. (durante o governo do imperador romano Domiciano), não pode ser considerado inspirado. Isso porque, segundo a perspicaz observação de Ladd (1980), a linguagem do livro é altamente rude e impolida, contendo uma considerável quantidade de erros gramaticais e impossibilidades sintáticas. Por sua vez, afirmar que Deus, em Sua soberania, tenha preparado de antemão os estilos particulares dos escritores que Ele utilizaria na redação dos Escritos Sagrados, para produzir palavras exatas e vocabulários predeterminados, como afirmam alguns, é completamente incoerente. Afinal de contas, todos os escritores sacros, desde o livro de Gênesis ao Apocalipse, possuem estilos literários diferentes, não apenas isso, mas vocabulários distintos, que revelam os limites cognitivos de cada um.

A inspiração é um poder inexplicável que o Espírito Santo concedeu aos escritores sacros, objetivando guiá-los no emprego das palavras que seriam usadas na redação dos textos, preservando-os, portanto, dos erros, enganos ou omissões. Neste sentido, o próprio Espírito Santo supervisionou a seleção das informações e palavras que seriam utilizadas, isentando, definitivamente, os autores da Bíblia de cometerem erros ou omissões (L. GAUSSEN, 1987).

A teoria dos Conceitos, por sua vez, sustenta que o Espírito Santo teria inspirado os conceitos, não as palavras, ou seja, as revelações teriam sido dadas aos patriarcas, profetas e discípulos, mas as palavras que deveriam ser utilizadas para expressar essas revelações eram de inteira responsabilidade de seus redatores. É em virtude disso que os autores sagrados puderam preservar seus próprios estilos, utilizando-se das ferramentas literárias que estavam à sua disposição e dos conhecimentos lingüísticos que possuíam. Portanto, não há que se falar em estilo literário do Espírito Santo, muito menos "gramática divina", como propugnaram alguns adeptos da corrente precedente.

As Escrituras Sagradas são a plena Palavra de Deus, é o que defende a escola ortodoxa. Os textos que as compõem foram inspirados verbalmente. Neste sentido, segundo sedimenta Bancroft (1966), a Bíblia é a Palavra de Deus no sentido de que suas palavras, embora trazendo as marcas da habilidade literária dos seus autores, foram redigidas, não obstante, sob influência direta do Espírito Santo a ponto de serem igualmente as palavras do próprio Deus, a expressão plena e infalível de Sua soberana vontade para a vida humana.

4.2.2 – Teoria Modernista Sobre a Inspiração

A teoria Modernista, totalmente oposta a teria ortodoxa, sustenta que a Bíblia é meramente um receptáculo da Palavra de Deus, isto é, ela contém em suas páginas a suprema vontade divina. Entretanto, encarar as Sagradas Escrituras como mero invólucro da Palavra de Deus é admitir que algumas partes dela podem não ser produto da inspiração divina. Segundo os defensores dessa teoria, os textos bíblicos sofreram forte influência dos pensamentos de sua época, incorporando, inclusive, muito das lendas e mitos (porções profanas) que se propagavam naquela fase histórica.

Portanto, segundo a teoria modernista, devemos rejeitar essas porções "profanas" que, por mera casualidade, foram incorporadas aos textos bíblicos, as quais, Geisler e Nix (1997) citam a posição errônea desses modernistas que afirmam que:, *"[...] seriam resquícios de uma mentalidade primitiva indigna de fazer parte do credo cristão. Só as verdades divinas, entremeadas nessa mistura de ignorância antiga e erro grosseiro, é que de fato teriam sido inspiradas por Deus".*

Os adeptos dessa forma de pensamento acreditavam que os autores sacros haviam sido preservados, pelo Espírito Santo, de cometerem determinados erros durante a redação de seus escritos, isto é, estavam isentos quanto a erros em assuntos necessários à salvação, mas não em matérias que versam sobre ciência, história e outras similares. Pensar dessa forma, pondera Pearlman (1985), seria viver em incertezas constantes. Afinal de contas, ninguém é suficientemente capaz de, sem nenhum grau de equívoco, julgar o que é e o que não é necessário à salvação, muito menos apontar qual parte é e qual não é verdadeiramente Palavra de Deus.

Essa teoria não é capaz de explicar como os escritores sacros poderiam, em um dado momento, estar inflamados pela presença do Espírito Santo e, portanto, cheios de conhecimentos referentes à salvação e noutro, completamente oposto, serem dominados por puro sentimento humano e completa incapacidade espiritual. Assim, é razoável concluirmos que, se os textos bíblicos, conforme a concepção modernista, não são confiáveis quando o assunto versado é a história, com ampla certeza, não serão em assuntos referentes às doutrinas, haja vista que as doutrinas bíblicas trilham os caminhos da história (Berkhof,1937).

À parte dessa discussão, encontramos dois grupos distintos dentro da concepção modernista, ou seja, de um lado temos os que sustentam a *Teoria da Iluminação* e do outro aqueles que advogam a *Teoria da Intuição*. No primeiro grupo, temos aqueles teólogos modernistas que ensinam que a inspiração bíblica é tão somente um discernimento superior das verdades morais e religiosas por parte do homem natural. Na concepção desses pensadores, as Escrituras Sagradas não passam de cadernos de rascunhos nos quais os judeus registravam suas lendas, mitos, histórias, etc., sem nenhum valor histórico (LOON, 1941). A Bíblia Sagrada seria, portanto, tão somente um produto das mentes fantasiosas da época, afastando-se completamente a idéia de sobrenaturalidade na forma como postulavam os defensores do movimento ortodoxo.

No segundo grupo, temos aqueles teólogos modernistas que acreditam que a inspiração das Escrituras Sagradas é tão somente uma intuição, isto é, uma intensificação e elevação das percepções religiosas de seus autores. Segundo essa corrente de pensamento, houve gradações específicas de percepção que variavam de acordo com cada escritor, e é justamente à essas gradações perceptivas do conhecimento que foram somadas idéias errôneas oriundas das lendas, mitos e crendices populares da época. A Bíblia, portanto, é encarada por esses estudiosos como "produto" de sua época, tendo cada autor sua parcela de conhecimento.

4.2.3 – Teoria Neo-Ortodoxa Sobre a Inspiração

A Teoria Neo-Ortodoxa surgiu nas primeiras décadas do século XX, quando a Europa experimentava grandes transformações, especialmente em seus conceitos religiosos, pois é a partir dessa nova orientação teológica, cuja principal característica era enfatizar a transcendência de Deus em relação ao mundo e ao homem e a soberania de sua revelação – que passou a ser vista como resposta às questões da existência, amplamente ressaltada pelo *existencialismo* de Sören Kierkegaard (Gibellini,1998) – que os estudiosos, sem voltarem atrás em relação às suas críticas com respeito às Escrituras, começaram a ver nelas a fonte de toda a revelação de Deus aos homens. Assim sendo, segundo o entendimento do movimento neo-ortodoxo, as Escrituras Sagradas tornam-se Palavra de Deus à medida que o homem tem um encontro pessoal com Ele.

Geisler e Nix (1997) classificam duas principais correntes dentro da teoria neo-ortodoxa, as quais divergem entre si: A primeira, denominada de *Demitizante*, tem como seu mais notável expoente o teólogo alemão Rudolf Bultmann e a segunda, chamada de *Encontro Pessoal*, tem os teólogos suíços Karl Barth e Emil Brunner como seus mais expressivos proponentes. Vejamos separadamente cada uma dessas vertentes, e, assim, formar uma visão global dessa mais recente corrente de pensamento a respeito da inspiração das Sagradas Escrituras.

4.2.3.1 – Teoria Neo-ortodoxa Demitizante

Rudolf Bultmann, teólogo protestante existencialista, nascido em 1884 (falecido em 1976) na cidade de Wiefelsted, Alemanha, imaginava que muitos dos relatos contidos nas páginas do Novo Testamento eram produtos de uma imaginação superativa e de elementos mitológicos que a eles foram incorporados durante a época de sua redação. Neste ponto de vista, a principal tarefa do leitor das Sagradas Escrituras seria despojá-las de seus elementos mitológicos, a fim de torná-las relevantes para o mundo contemporâneo, desvelando o conhecimento existencial nelas contido. É a esse *despojamento* que Bultmann dá o nome *demitização*, ou seja, o processo mediante o qual livramos a Bíblia de seus "equívocos" e "absurdos". Segundo ele, *"Não podemos utilizar a luz elétrica e o rádio, ou, em caso de doença, recorrer às modernas descobertas médicas e clínicas e, ao mesmo tempo, acreditar no mundo dos espíritos e dos milagres que o Novo Testamento nos propõe"* (Bultmann, 1941), 1998). Assim, as páginas do Novo Testamento – para não falar do Antigo Testamento – só se tornarão a genuína Palavra de Deus e, como tal, plenamente inspirada, se devidamente despojada de seus mitos e lendas. *"Por isso [...]"* Essa posição neo-ortodoxa é citada na obra Introdução Bíblica, de Geisler e Nix (1997): *"[...] a Bíblia em si mesma não é revelação alguma; é apenas uma expressão primitiva, mitológica, mediante a qual Deus se revela pessoalmente, desde que demitizado da maneira correta"*.

4.2.3.2 – Teoria Neo-Ortodoxa do Encontro Pessoal

Karl Barth (1886-1968) e Emil Brunner (1899-1966), suíços de nascimento, são os principais expoentes da presente vertente neo-ortodoxa sobre a inspiração. Segundo eles, é em virtude dos diversos "erros" ou "imperfeições" constantes nas Escrituras que elas não se constituem registro inspirado, dependendo, a bem da verdade, de um elemento exterior a ela para tornar-se Palavra de Deus. Assim, de acordo com esses pensadores, é em época de intensas crises, de busca por respostas referentes à existência humana e a revelação de Deus, que é imperioso recorrer a textos bíblicos para que se tornem revelação de Deus ao homem (Barth, 2003).

Em síntese, tanto para Karl Barth quanto para Emil Brunner, a Bíblia, enquanto registro da revelação pessoal de Deus aos homens, torna-se a plena Palavra de Deus na medida em que o leitor tenha uma experiência de [re]encontro com o Sagrado que é, por sua vez, timidamente registrado nas páginas bíblicas. É a partir desse momento que os textos tornam-se Palavra de Deus, registro inspirado da vontade divina para os homens e conjunto de normas de conduta e prática de fé para a igreja.

Questão para reflexão:
Durante os séculos em que as Sagradas Escrituras foram submetidas as mais rigorosas críticas, especialmente por parte daqueles que lhes desejavam a destruição, diversas teorias surgiram na tentativa de explicar, ou desmerecer, a singularidade da inspiração de suas páginas. Refletindo sobre isso, qual a teoria que, por sua compatibilidade com os ensinos bíblicos, é a mais sustentável?

CAPÍTULO 5

Inspiração Verbal Plenária

No capítulo anterior, estudamos uma série de teorias que surgiram no decorrer da História da Igreja e que influenciaram, devido ao próprio momento histórico, os pensamentos em relação à forma como se desenvolveu a inspiração das Escrituras e à maneira como devemos entendê-la. Neste capítulo, por sua vez, estudaremos a Teoria da Inspiração Verbal Plenária, a mais aceita entre os estudiosos do assunto, uma vez que agrega noções básicas de "verbalidade", ou seja, que considera que Escrituras que foram inspiradas são, especificamente, as escritas pelos autênticos patriarcas, profetas e discípulos do Senhor. Para atender a esse objetivo, dividimos este último capítulo em dois momentos distintos: no primeiro, observaremos a essência e os argumentos em prol da teoria verbal plenária, abordando 'verbalidade' e a 'totalidade' da inspiração divina em relação aos textos da Bíblia; no segundo, desejando trazer uma visão panorâmica do tema, serão apresentadas algumas considerações que julgamos essenciais para a compreensão da inspiração verbal plenária.

5.1 – Inspiração Verbal Plenária: Essência e Argumentos

A teoria da *Inspiração Verbal Plenária* fundamenta-se em dois princípios essenciais: a "verbalidade" e a "totalidade". A verbalidade considera que a inspiração é verbal, isto é, que as palavras que se encontram nos textos bíblicos são provenientes do próprio Deus. Isso não significa entender que Deus utilizou os patriarcas, profetas e discípulos como meros copistas, como se as faculdades intelectuais desses estivessem, no momento da escrita, em repouso e não contribuíssem de forma alguma no conteúdo produzido. Admitir a inspiração sob esse ponto de vista é afirmar que as palavras ali presentes foram simplesmente ditadas por Deus e que os autores sacros, eram somente meros elementos passivos da ação divina.

A totalidade, por sua vez, considera que a inspiração divina é extensiva a todos os livros contidos na Bíblia, desde o livro de Gênesis ao de Apocalipse. Isso significa que todos os textos contidos no Antigo e Novo Testamento são frutos da inspiração divina e que ela não se limitou às verdades morais e religiosas, como alguns pretensiosamente advogam, mas se estendeu às declarações dos fatos, sejam eles científicos, históricos, culturais ou geográficos. Assim, sob esse ponto de vista, Deus, por intermédio do Espírito Santo, *"soprou"* no coração dos seus patriarcas, profetas e discípulos aquilo que deveria ser escrito e não se descuidou de nenhum fato, mesmo daqueles que não tinham relevância espiritual. Tal posicionamento encontra apoio nas palavras do apóstolo Paulo: *"Toda Escritura é inspirada por Deus e útil para o ensino, para a repreensão, para a correção, para a educação na justiça [...]"*, II Timóteo 3.16; e em Romanos (15.4): *"[...] tudo o que outrora foi escrito, para o nosso ensino foi escrito [...]"*.

5.1.1 – A Verbalidade

A afirmação de que a inspiração das Escrituras se estende a cada uma das palavras contidas nos autógrafos está baseada em dois pontos: nas palavras constantes nos relatos a respeito da plena infalibilidade dos textos e na impossibilidade de separação entre pensamento e palavra. A primeira considera as palavras registradas nas Escrituras como sendo as palavras do próprio Deus (Êx.24.4; II Sm.23.2), pois o mero relatório ou registro humano de uma revelação emanada da divindade, sem a intervenção sobrenatural dessa mesma, torna-se não apenas falível, mas errôneo. A segunda, percebe que pensamento e palavra são inseparáveis, uma vez que um está contido no outro.

Assim sendo, se palavras tais como *sacrifício, resgate, expiação, propiciação, purificação pelo sangue* e afins forem desprovidas de inspiração divina, então as doutrinas que as incorporam, por via de conseqüência, não possuem autoridade divina, pelo contrário, o próprio Jesus e seus discípulos fizeram seus argumentos a partir das palavras contidas nas Escrituras. Por exemplo: Jesus, por ocasião da *Festa da Dedicação*, realizada no templo de Jerusalém, em um dado momento, fazendo referência ao versículo 1° do Salmo 110, disse que Davi, movido pelo Espírito Santo, chamou o Messias de Senhor. É justamente a partir do uso dessa palavra utilizada pelo salmista que o Senhor Jesus afirmou: *"[...] a Escritura não pode falhar"* (Jo.10.35). Segundo Hodge (2001), essa afirmação de Cristo a respeito das Escrituras foi determinado pelo Espírito Santo, portanto, pelo próprio Deus: *"[...] Eis que ponho na tua boca as minhas palavras"* (Jr.1.9); *"[...] visto que não sois vós os que falais, mas o Espírito de vosso Pai é quem fala em vós"* (Mt.10.20). Vejamos separadamente cada um desses princípios:

5.1.2 – A Totalidade

A totalidade em relação aos textos bíblicos fundamenta-se no fato de que a Bíblia é produto de homens que foram usados como instrumentos da divindade; na declaração do próprio Senhor Jesus a respeito da plena vontade divina expressa nas páginas das Escrituras e da ausência de falhas; e na afirmação dos discípulos, em todas as partes da Bíblia, de que se trata do registro da palavra de Deus. Essa totalidade que se estende a todas as partes das Escrituras e preserva a diversidade de fatos são apresentados nos textos sacros como plenos e infalíveis. Entre esses fatos podemos citar: a criação da raça humana (Gn.2.4); a queda (Gn.3.1); o pacto com o patriarca Abraão (Gn.12.1-9); a entrega da lei mosaica (Êx.20.1), ou ainda fatos históricos, tais como o dilúvio (Gn.6.11-8.19); o êxodo do povo hebreu (Êx.12.37-51); a passagem pelo Mar Vermelho (Êx.14.15-22) e tantos outros. Além desses, ainda temos os acontecimentos de menor relevância como: o fato de Satanás ter assumido a forma de uma serpente para enganar o primeiro casal (Gn.3.1); a atitude do patriarca Moisés em ter erguido uma serpente de bronze no deserto (Nm.21.8); a cura de Naamã, o general sírio, efetuada pelo profeta Eliseu (II Rs.5.1ss), possuem a chancela divina. Ademais, esses e tantos outros fatos que foram citados pelo Senhor Jesus (Mt.12.40) e pelos apóstolos, o foram com tanta simplicidade e confiança que até criancinhas são capazes de entender.

A partir de tais conceitos, podemos compreender que é pelo princípio da totalidade da inspiração divina que Deus escolheu homens comuns e determinou-lhes o registro de Suas palavras. Todos foram igualmente inspirados, cada um dentro de sua esfera específica de ação, alguns compuseram salmos; outros registraram fatos históricos; outros ocuparam-se com assuntos doutrinários ou ainda, como Daniel e João, descreveram eventos proféticos.

5.2 – Inspiração Verbal Plenária: Considerações

A teoria da inspiração verbal plenária, com foi possível perceber, considera que as Escrituras foram inspiradas em sua plenitude, ou seja, que a chancela divina percorreu todas as suas páginas, isentando-as de erros. Esse conceito, embora repudiado por alguns estudiosos, é o mais aceito pela grande maioria dos teólogos porque é a que mais preserva o conteúdo bíblico como palavra de Deus. Essa teoria, que defende a verbalidade e a totalidade, não admite a inspiração sobrenatural se confine a partes das Escrituras, mas que ela se aplica, plenamente, a todos os livros que compõem o Antigo e Novo Testamento. Para essa também a infalibilidade não está nos escritores, mas nos textos produzidos, logo, não é porque os patriarcas, profetas e discípulos foram usados pelo Espírito Santo durante a redação dos textos sagrados que se tornaram imunes a erros.

Outro conceito defendido pela Inspiração Verbal Plenária é o de que o compromisso do Espírito Santo em conduzir os escritores da Bíblia de forma sobrenatural, durante o período em que estavam envolvidos na produção dos autógrafos, estendeu-se até o momento em que terminaram suas devidas redações. Isso significa dizer, que os escritores sacros, uma vez envolvidos nesse processo de composição, não cometeram nenhum erro ao produzir os textos, mas também não se transformaram em homens sobrenaturais, com conhecimentos plenos.

O conhecimento particular de cada escritor, de acordo com essa teoria, também não sofreu alteração em virtude da ação inspiratória do Espírito Santo. Assim, o profeta Isaías, por exemplo, não se tornou mais profeta que os demais profetas de sua época; Amós, o boiadeiro, mais perito que os demais boiadeiros de sua geração; e Paulo com maior legitimidade que os demais rabinos. O fato é que todos os escritores sacros, possuíam seus próprios limites cognitivos, isto é, os conhecimentos provenientes de sua própria realidade sócio-cultural. É por isso que Pedro, um simples pescador, admitiu as dificuldades para entender os textos do apóstolo Paulo: *"[...] há pontos difíceis de entender [...]"* (II Pedro 3.16).

Questão para Reflexão:
Alguns teórico rejeitam a teoria da Inspiração Verbal Plenária, ou seja, não consideram que a Bíblia seja inspirada em sua totalidade. Poderíamos aceitar esse posicionamento teórico? Por quê?

UNIDADE III

OS LIVROS APÓCRIFOS E OUTRAS QUESTÕES

Nesta terceira unidade, discutiremos a respeito do surgimento, desenvolvimento e influência dos Livros Apócrifos durante o período formador do chamado Cânon Sagrado do Antigo e do Novo Testamento. Também abordaremos outras questões referentes ao tema proposto. Para isso, no primeiro capítulo, verificaremos entre outras coisas, a etimologia, a história e a aplicação do termo apócrifo, o surgimento e as principais razões pelas quais os livros apócrifos devem ser recusados e a importância desses para a compreensão das Escrituras. No segundo capítulo, trataremos dos livros apócrifos do Antigo Testamento, classificando-os, segundo o gênero literário de cada um, discorrendo sobre os textos que foram incorporados à Bíblia de tradução católica. No terceiro, discutiremos sobre os apócrifos do Novo Testamento. No quarto, observaremos como a Igreja Primitiva lidou com os livros apócrifos e as controvérsias geradas em torno de alguns livros que, efetivamente, entrariam para o Cânon Sagrado. Finalmente, no quinto capítulo, discutiremos a respeito dos chamados *Livros Desaparecidos*.

Capítulo 1

Apócrifos: Frutos da Obscuridade

Muitos textos, produzidos em momentos específicos da história da Igreja, retrataram aspectos da vida e do ministério de Jesus, os quais, talvez por determinação divina, não foram obras autorizadas. Neste capítulo, abordaremos a questão etimológica do termo *apócrifo*; o surgimento e a importância dos livros apócrifos – ainda que não dotados de inspiração divina; e as razões pelas quais esse tipo de livro não foi aceito pela comunidade cristã, especialmente durante os primeiros anos da história da Igreja.

1.1 – O termo Apócrifos

A palavra *apócrifos*, termo de origem grega, que significa *coisas escondidas*, aparece três vezes nas Sagradas Escrituras (Mc 4.22; Lc.8.17; Cl 2.3), referindo-se originalmente a escritos que não eram lidos em público. Mas a partir do século IV d.C., esse termo passou a ter outra significação, pois Jerônimo, um dos grandes eruditos cristãos, que viveu entre 342 e 420 d.C., começou a utilizar esse termo para referir-se aos livros não-canônicos, isto é, livros que não faziam parte do Cânon Sagrado. Essa atitude do teólogo tinha por objetivo fazer uma linha conceitual divisória entre os livros que eram genuinamente inspirados por Deus e aqueles que, apesar de estarem em circulação e até serem aceitos por alguns grupos religiosos, não continham os traços da autorização divina e, portanto, deveriam ser rejeitados pela comunidade cristã.

1.2 – O Surgimento e a Importância dos Apócrifos

Os livros apócrifos, embora não se possa determinar com absoluta precisão, surgiram, em sua grande parte, quase que simultaneamente à inclusão dos textos no Cânon Sagrado, principalmente, no do Novo Testamento. Esses livros, segundo especialistas, são importantes porque trazem registrados em suas páginas tradições e preocupações particulares de determinadas comunidades judaicas. Essas obras se multiplicaram de tal forma que seus redatores, objetivando uma maior aceitação e ampla divulgação dos seus escritos entre as diversas comunidades, atribuíram sua autoria a personalidades de grande proeminência no contexto político-religioso da cultura judaica, tais como: Abraão, Enoque, Moisés e Salomão. Tal atitude tornava difícil precisar a data exata em que esses livros foram redigidos. Enquanto uma data plausível ainda está distante de consenso, é possível apontar datas aproximativas. Fuller conjectura, por exemplo, o período entre o ano 100 a.C. e 130 d.C. para a composição de grande parte dos apócrifos do Antigo e Novo Testamento. Outros pesquisadores, por sua vez, estabelecem o período entre o ano 200 a.C. e 200 d.C., e ainda outros, fixando uma data mais remota, estabelecem o ano 300 a.C. como a data mais provável para a redação dos primeiros textos apócrifos.

Segundo Tognini (1987), após os últimos profetas do Antigo Testamento – chamados profetas pós-exílicos, pois exerceram seus ministérios proféticos durante os anos que sucederam o cativeiro babilônico, em 588 – Ageu, Zacarias e Malaquias, a voz profética emudeceu e nenhuma visão ou profecia foi proferida durante os cerca de quatrocentos (ou quatrocentos e trinta) anos que se seguiram e que se interpõem entre os dois Testamentos.

Após o encerramento do ministério profético de Malaquias, a nação de Israel, que outrora dividira-se em Reino do Norte (Israel, governado por Jeroboão) e Reino do Sul (Judá, governado por Roboão) após a morte de Salomão, tem seus filhos (uma parte deles) abrigados na cidade de Jerusalém e um imenso número deles espalhados pelo mundo em virtude da política militar do exército assírio por ocasião do exílio[2] de 722 a.C. Na avaliação de Tognini (1987), essa é a primeira das circunstâncias que, ao lado de outras que citaremos a seguir, contribuíram para propiciação do ambiente onde os apócrifos foram gerados. Afinal de contas, a profecia de Malaquias se encerra sob o silêncio de Deus, e nada mais terrível que a ausência da voz divina, pois na sua ausência as palavras humanas se multiplicam e a imaginação alça asas, gerando distorções e inverdades.

A segunda circunstância que, direta e indiretamente, motivou a redação dos textos apócrifos, foi a dispersão do Reino do Sul (Judá) pelo mundo. É necessário lembrar que, dos dois cativeiros sofridos pelos descendentes de Abraão, ou seja, o cativeiro assírio (722 a.C.) e o cativeiro babilônico (588 a.C.), somente os cativos de Babilônia retornaram (em levas) para a Palestina[3], conforme já estudamos.

É na época da dispersão, quando os judeus se espalharam pelo mundo, tendo contato com povos de culturas diversas, que viram suas tradições enfraquecidas, seus costumes relegados ao esquecimento e, longe do Templo de Jerusalém, mergulharam nas lágrimas da aflição e na escuridão do desespero. É nessas circunstâncias de extremo infortúnio e profunda nostalgia que os escritores judeus, cada um em seu momento de crise, desesperança e saudosismo, redigiram os apócrifos.

A terceira circunstância que, somada às demais, fornece os dados necessários para a compreensão do conteúdo e razões para o surgimento desses textos, era a forma como os judeus, viventes das situações acima mencionadas, interpretavam as profecias. Segundo Tognini (1987), o

---

2 A nação de Israel, que após a morte do rei Salomão dividira-se em Reino do Norte (Israel) e Reino do Sul (Judá), enfrentou dois exílios: o primeiro, perpetrado pela Assíria, ocorreu em 722 a.C., quando os israelitas foram levados e, como política opressora da Assíria, espalhados pelo mundo; o segundo em 588 a.C., executado pela Babilônia, levou cativo o povo de Judá que, a despeito do povo do reino do norte, foi levado para habitarem as margens dos rios de Babilônia.

3 Uma parte dos descendentes de Abraão (Reino do Norte, Israel), levados pelo reino assírio em 722 a.C., não foram repatriados, ou seja, não retornaram para a Palestina à semelhança do Reino do Sul, Judá, em virtude da política militar dos assírios que, visando exterminar (ou coisas do gênero) os povos por eles conquistados, espalhavam os cativos, em pequenos grupos, pelo mundo. É a política do caldeamento, ou seja, da mistura, da miscigenação, pois em Samaria (capital do Reino do Norte), Sargão II, rei da Assíria, deixou um povo de raça mongólica, que caldeou com os remanescentes lavradores do norte, dando em resultado aquele povo estranho aos judeus – os samaritanos. Daí a rivalidade entre judeus e samaritanos, que tantas vezes o Novo Testamento evidencia (Jo.4.9; 8.48).

espírito extremamente nacionalista do povo judeu em interpretar as profecias, fazia com que as predições ditas pelos profetas do Antigo Testamento fossem entendidas em benefício do próprio povo hebreu, segundo seus caprichos e conveniências. Logo, pontua Tognini, frustradas as possibilidades interpretativas, recorriam à imaginação, e, consequentemente, diversos livros vão surgindo com o intuito de adequar as profecias grafadas nas páginas do Antigo Testamento à realidade vivida pelos judeus.

As perseguições sírias que, após o falecimento de Alexandre, o Grande, em 323 a.C., se abateram sobre os judeus, podem ser indicadas como circunstâncias que, de certa forma, propiciaram o florescimento da literatura apócrifa.

> *"Quando a perseguição recrudesceu, multiplicou-se a literatura apócrifa. Um povo tradicional, um povo que esteve nos fastígios da glória, povo forte e respeitado, agora, porém, vilipendiado. E como se não bastasse, o seu Templo foi profanado, e os tesouros do seu passado conspurcados. Vem a reação, que começa com o despertar do sentimento nacionalista. Raia-lhes uma manhã de esperança; rompe-lhes um sol de justiça. Unem-se. Lutam. Vencem. Tanto para conclamar o povo a se unir a fim de reivindicar os seus direitos ultrajados por estrangeiros impiedosos, como para cantar as vitórias concedidas por Deus, aparecem os apócrifos, e talvez os mais lindos, os mais plenos de patriotismo ardoroso, como os dois livros de Macabeus". (TOGNINI, p.23).*

Portanto, as circunstâncias citadas acima são apenas exemplos dos diversos momentos que poderiam ser elencados como propiciadores do ambiente onde os livros apócrifos se desenvolveram. Por tudo isso, é possível compreendermos porque, a despeito do valor histórico-literário que os apócrifos possam ter, se nutrem reservas quanto a assuntos de cunho teológico-doutrinário. Afinal de contas, os textos apócrifos são produtos de uma época obscura, de plena ausência da intervenção divina por meio de Seus profetas, e, tal como o rei Saul que, uma vez rejeitado por Deus (1Sm.15.23), procurava respostas que o próprio Deus lhe negara (1Sm.28.6ss), estavam os redatores do *período interbíblico* adequando as pseudo-revelações às nefastas circunstâncias daquela época.

1.3 – Aspectos Históricos e a Contribuição do Apócrifos

Tecer comentários sobre o pano de fundo histórico dos livros apócrifos não se constitui tarefa das mais fáceis, muito menos quando a proposta é agregar informações que sejam precisas e que disponham de consenso entre os mais seletos e diversificados estudiosos do assunto. Esse trabalho requer que em suas páginas as crenças, os hábitos, as esperanças e aspirações das diversas comunidades judaicas que, embora venerando o único Deus revelado ao patriarca Abraão (Gn.12.1), e sendo expostas a situações particulares e diversas entre si, sejam agregados em um único lugar. É fundamentalmente essas particularidades e diversidade histórico-cultural que tornam esses textos importantes para a compreensão das Sagradas Escrituras. É neste sentido que se faz necessário, e justificado, o estudo detido e exaustivo desses livros.

A contribuição que o estudo dos apócrifos pode fornecer à compreensão das Sagradas Escrituras podem ser circunscritas nos seguintes fatores:

- Ajudam na datação dos livros que compõem a coleção canônica.
- Retratam com relativa precisão o ambiente helênico, isto é, o ambiente grego e as diversas situações e transformações político-culturais que o mundo sofreu para, a partir daí, resultar nas circunstâncias em que Jesus nasceu e desenvolveu seu ministério messiânico.
- Auxiliam, ainda que possuindo adulterações doutrinais, o cristão, estudante da Bíblia a uma melhor compreensão da história de Israel, elemento essencial para o entendimento do contexto mais pleno das Sagradas Escrituras.

1.4 – A Recusa dos Apócrifos

O processo de canonização dos livros que compõem o Antigo e o Novo Testamento exigiu uma série de avaliações para que todas as dúvidas fossem afastadas e os livros tivessem ampla aceitação pela comunidade judaico-cristã. É pertinente comentar que, os escritos não recebiam o reconhecimento, o "selo de confiabilidade canônica" por terem valor literário, mas por serem provenientes de Deus. Por isso, os apócrifos foram rejeitados. Eles possuíam certo valor literário, retratavam alguns aspectos históricos verídicos, mas lhes faltava a inspiração divina o que, consequentemente, os desautorizava no trato de assuntos pertinentes à salvação.

Segundo McDowell (1992), um dos mais proeminentes palestrantes

da atualidade e destacado defensor das doutrinas bíblicas (apologista) e Geisler e Nix (1997), ambos catedráticos no Seminário Teológico de Dallas, Texas, E.U.A., os apócrifos devem ser recusados em virtude dos seguintes fatores:
• Presença de uma série de contradições e descompassos histórico-geográficos em suas narrativas.
• Ausência de elementos distintivos outorgadores do caráter divino às suas páginas, entre eles, a autoridade profética.
• Conteúdos superficiais e ênfase no estilo literário.
• Transmissão de falsos ensinos. É importante ressaltar que o princípio básico da prática hermenêutica é a de que as Escrituras se expliquem por si mesmas, pois elas se constituem sua única e infalível intérprete (LUND/NELSON, 1968). Portanto, os ensinos constantes em suas páginas acham-se confirmados e legitimados por todos os livros que formam o Antigo e o Novo Testamento, não havendo, portanto, um único versículo que deponha contra o outro. Os apócrifos, por sua vez, são incapazes de apresentarem as mesmas características, quando submetidos aos exames interpretativos dos textos que formam o Cânon Sagrado.

1.5 – A Rejeição dos Apócrifos pelos Primeiros Líderes
Na tradução da Bíblia Hebraica para o idioma grego, Septuaginta, os livros apócrifos foram incluídos, porém não significou que tinham sido considerados canônicos como sugerem alguns. Isso porque, Alexandria é historicamente o lugar da tradução (Septuaginta), não da canonização, ou seja, faltava aos judeus alexandrinos, responsáveis pela tradução septuaginta, a autoridade para saber, com a devida precisão, quais os livros que verdadeiramente ocupavam lugar na Bíblia Hebraica. De acordo com Geisler e Nix (1997), o fato de Septuaginta contar os apócrifos, apenas comprova que os judeus alexandrinos traduziram os demais livros religiosos judaicos do período intertestamentário ao lado dos livros canônicos.

Esses livros devem ser desconsiderados como genuínos devido a diversos fatores: Jesus nunca considerou qualquer um dos textos apócrifos; e mesmo sendo incluídos na tradução da Septuaginta, conforme citado acima, nunca foram citados por Ele ou por qualquer discípulo Seu durante o primeiro século da era cristã. Consequentemente, os Pais Apostólicos, em sua quase plena maioria, rejeitaram os apócrifos.

1.6 – Os Apócrifos e as Principais Defesas

Dentre os diversos argumentos dos defensores dos livros apócrifos há dois que merecem destaque: o Cânon Agostiniano e a resolução do Concílio de Trento. O Cânon Agostiniano é citado por esses defensores pelo fato de Santo Agostinho ter se referido a esses textos indiretamente, em uma de suas mais importantes obras literárias, *Da Civitate Dei* (*A Cidade de Deus*) como *deuterocanônicos,* como pertencentes a um segundo cânon. Nessa obra, Agostinho deixa entender que havia uma espécie de inspiração relativa nos escritos apócrifos. Essa afirmação não só influenciou muitos de sua época como também a tradução das Sagradas Escrituras feita por Jerônimo (342-420 d.C.) – a *Vulgata Latina* (a tradução do Antigo Testamento do grego para o latim). É preciso ressaltar que, ressalvando a incontestável importância de Santo Agostinho para a teologia cristã, sua obra não se constitui elemento legitimador da canonicidade desses textos, uma vez que não foram capazes de passar pelo crivo do processo canônico.

Alguns defensores da legitimidade dos apócrifos como livros genuinamente inspirados, citam o fato desses livros terem sido incluídos no rol canônico pelo Concílio de Trento. Esse concílio, realizado entre 1545 e 1563 d.C., na cidade romana de Trento, que foi especialmente convocado com o objetivo de formular uma resposta às questões levantadas pela então insurgente Reforma Protestante de Martinho Lutero, para combater as idéias do reformador, adicionou à Coleção Canônica, os livros apócrifos que fundamentavam as doutrinas teológicas combatidas por esse líder. A Igreja Católica, por sua vez, objetivando sustentar tais doutrinas, adotou os apócrifos, acrescentando-os à coleção canônica, numa investida que ficou conhecida como *Contra-Reforma*. Seja como for, a decisão da igreja em incluir arbitrariamente os apócrifos entre os livros canônicos não obteve consenso, sendo rejeitados até por cardeais como Cajetan e Ximenes, que os omitiram em seus comentários às Sagradas Escrituras.

1.7 – Os Apócrifos e o Cânon: Considerações

Os apócrifos jamais foram aceitos pelos líderes da Igreja Primitiva e, entre as diversas razões que poderiam ser citadas como argumentos contrários à sua inclusão no rol dos livros canônicos, Geisler e Nix (1997) mencionam o uso desigual e diferenciado desses livros entre os diversos grupos religiosos. Alguns, como a Igreja Ortodoxa e a Anglicana, por exemplo, ainda que os utilizem em suas liturgias públicas, os dispõem em uma seção à parte e diferenciada dos demais livros do Antigo e Novo Testamento. É como se quisessem dizer que os apócrifos estão ali, mas que, na verdade, não fazem tanta diferença. Afinal de contas, são carentes da inspiração divina e, consequentemente, desprovidos da autoridade sobrenatural. Junta-se a isso, o fato de que na descoberta dos manuscritos de Qumran, nas proximidades do Mar Morto, em1947, não foram encontrados indícios de que esses textos fossem aceitos pelos essênios, comunidade que habitou aquela região.

Portanto, a título de consideração final, é preciso dizer que ainda que desprovidos dos elementos que lhe concedem a chancela canônica, os apócrifos devem ser levados em consideração nas questões que envolvem a historicidade de Cristo. Segundo Cairns (1988), as inscrições feitas em rochas e as figuras simbólicas que representam idéias, muito abundantes nas catacumbas do primeiro século foram na maioria das vezes extraídas de livros apócrifos, porém isso não significa que esses textos apresentem legitimidade somente porque foram representados em determinados por determinadas comunidades cristãs. É preciso muito mais que isso para a canonização de um livro. Isso não impede que essas obras sejam utilizadas como fonte literária.

Questão para Reflexão:
Os livros apócrifos tem sua importância para o cristão. Tendo isso como fato, por que eles não podem ser considerados canônicos?

CAPÍTULO 2

Apócrifos do Antigo Testamento

Os livros apócrifos do Antigo Testamento, denominados *deuterocanônicos* pelos católicos, produto da mente humana e carente do selo de autenticidade sagrada – a inspiração divina – representam uma das fases constitutivas da história da Igreja Cristã, uma vez que foram adicionados à Bíblia como uma resposta ao movimento de reforma protestante levada a efeito pelo monge agostiniano Martinho Lutero, em 1517. Neste capítulo, verificaremos a essência, a condição e a constituição própria pertinentes aos livros apócrifos; os apócrifos do Antigo Testamento de acordo com o gênero literário de cada um deles e o conteúdo dos livros mais conhecidos desse gênero, especialmente aqueles adicionados à versão da Septuaginta.

2.1 – Natureza dos Apócrifos do Antigo Testamento

Os apócrifos do Antigo Testamento, redigidos no período interbíblico, quando o mundo vivenciou um momento sem visão ou profecia genuinamente proveniente de Deus, foram produzidos com o objetivo de consolar o povo dessa ausência de manifestação mais direta de Deus. Esses livros, que revelam as circunstâncias religiosas, políticas, sociais, culturais, históricas e sociológicas da época, podem ser divididos, de acordo com o gênero literário, em nove grupos distintos: pseudo-histório, apocalíptico, hagádico, lendário, histórico, didático, profético, religioso e romance. Esses grupos literários são compartilhados de forma diversa pela religião cristã, ou seja, uma parte é considerada desprovida de inspiração divina tanto por cristãos católicos quanto por cristãos protestantes, a outra, somente pelos protestantes. Vejamos separadamente cada um desses gêneros literários e a ala cristã que os considera.

2.1.1 – Os Livros Considerados Apócrifos por Católicos e Protestantes

Os apócrifos, segundo uma pesquisa feita por Fólito (século XIX), chegam a duzentos e oitenta livros diferentes (uma grande parte desses textos é encontrado apenas em fragmentos), porém novas estimativas apontam para cerca de trezentos o número total desses livros. Desses, apontamos aqueles, principais, considerados tanto por católicos quanto por protestantes, como completamente desprovidos de todo e qualquer lampejo de inspiração. Entre esses textos, encontramos obras que se agrupam nos seguintes gêneros: pseudo-histórico, apocalíptico e hagádico.

• **Gênero Pseudo-Histórico.** Esse gênero abarca os textos cuja essência gira em torno de fatos históricos duvidosos, em sua maioria fantasiosos e incoerentes. Nesse gênero, encontramos textos como o *Livro dos Jubileus*, *III Livro de Esdras*, *III Livro dos Macabeus* e o célebre *Ascensão de Isaías*.

• **Gênero Apocalíptico.** Esse gênero, que por sua vez é essencialmente profético, reúne obras cujo assunto está relacionado ao futuro denominado *os tempos do fim*. Nos textos desse gênero, as obras mais destacadas são o *Livro de Enoque*, *Assunção de Moisés*, *Livro dos Segredos de Enoque*, *Salmos de Salomão*, *IV Livro de Esdras*, *Apocalipse de Baruque* e a *Sibila Judaica*.

• **Gênero Hagádico.** Esse gênero literário, cujo nome (*hagádico*) significa *anúncio* ou *narrativa*, reúne textos de natureza essencialmente narrativa, e, em certo sentido, tendente à exortação. Entre os mais conhecidos estão o livro da *Oração de Manassés*, os *Testamentos dos Doze Patriarcas* e o *IV Livro dos Macabeus*.

Tabela Referente aos Livros Apócrifos Rejeitados por Católicos e Protestantes

Gênero: PSEUDO-HISTÓRICO

Nome	Possível Data
Livro dos Jubileus	II século a.C.
III Livro de Esdras	100 a.C.
III Livro dos Macabeus	Princípio da era cristã
Ascensão de Isaías	Princípio da era cristã

Gênero: APOCALÍPTICO

Nome	Possível Data
Livro de Enoque	Entre 175 e 50 a.C.
Assunção de Moisés	Entre 4 a.C. e 6 d.C.
Livro dos Segredos de Enoque	Princípio da era cristã
Salmos de Salomão	Entre 80 e 40 a.C.
IV Livro de Esdras	Entre 75 e 95 d.C.
Apocalipse de Baruque	Princípio do II Século d.C.
Sibila Judaica	Entre 200 a.C. e 200 d.C.

Gênero: HAGÁDICO

Nome	Possível Data
Oração de Manassés	Século II a.C.
Testamentos dos Doze Patriarcas	Entre 150 a 100 a.C.
IV Livro dos Macabeus	Princípio da era cristã

2.1.2 – Os Livros Considerados Apócrifos pelos Protestantes

Os livros considerados apócrifos somente pelos protestantes e aceitos como providos de inspiração divina pelos cristãos católicos são classificados do seguinte modo: gênero lendário, histórico, didático, profético, religioso e romance.

• **Gênero Lendário**. Nesse grupo de livros, cuja característica principal é a disposição de contos e histórias imaginárias, encontram-se os acréscimos de *Ester*, *Oração de Azarias*, *Suzana*, e *Bel e o Dragão*.

• **Gênero Histórico**. Esse gênero literário comporta os livros que, não obstante terem alguns aspectos históricos verdadeiros, são desprovidos da plena inspiração divina. Nesse grupo estão os seguintes livros: *I Macabeus*, *II Macabeus* e *I Esdras*.

• **Gênero Didático**. Esse gênero literário tem como característica os ensinamentos em forma de provérbios, essencialmente didáticos.

Desse gênero são os seguintes livros apócrifos: *Sabedoria de Salomão* e *Eclesiástico*, ambos falsamente atribuídos ao rei Salomão.

• **Gênero Profético.** Nesse grupo, estão dispostos os textos apócrifos que, na sua ampla essência, são de cunho profético. Entre eles estão: *Baruque, Epístola de Jeremias* e *II Livro de Esdras*.

• **Gênero Religioso.** A essência dessa espécie de literatura apócrifa é de caráter eminentemente religioso. O mais destacado exemplo desse gênero é o *Livro de Tobias*.

• **Gênero Romance.** Nesse gênero literário, estão os livros apócrifos cuja característica principal é a forma quase novelística com que é apresentado seu conteúdo, de natureza puramente popular. O *Livro de Judite*, representante mais destacado desse gênero apócrifo, assemelha-se ao livro canônico de *Ester*, pelo fato da história girar em torno de uma mulher, personagem principal e artífice de salvação para todo o seu povo.

Tabela Referente aos Livros Apócrifos Rejeitados pelos Protestantes

Gênero: LENDÁRIO

Nome	Provável Data
Ester (acréscimo)	Entre 140 e 110 a.C.
Oração de Azarias	Século II a.C.
Susana (acréscimo)	Século II a.C.
Bel e o Dragão (acréscimo)	Século 100 a.C.

Gênero: HISTÓRICO

Nome	Provável Data
I Livro dos Macabeus	1ª década do II século a.C.
II Livro dos Macabeus	Entre 110 e 70 a.C.
I Esdras	Entre 150 e 100 a.C.

Gênero: DIDÁTICO

Nome	Provável Data
Sabedoria de Salomão	Ano 30 a.C.
Eclesiástico	Ano 132 a.C.

Gênero: PROFÉTICO

Nome	Provável Data
Baruque	Entre 150 e 50 a.C.
Epístola de Jeremias	Entre 300 e 100 a.C.
II Livro de Esdras	Ano 100 d.C.

Gênero: RELIGIOSO

Nome	Provável Data
Livro de Tobias	Ano 200 a.C.

Gênero: ROMANCE

Nome	Provável Data
Livro de Judite	Ano 150 a.C.

2.1.3 – Os Apócrifos Católicos e Principais Argumentos

Conforme foi possível perceber, os textos apócrifos apresentam uma diversidade de conteúdo capaz de atrair os mais diferentes tipos de admiradores. Além disso, por descreverem uma vasta gama de elementos culturais, políticos e sociais da nação judaica merecem a devida atenção dos estudiosos do assunto em razão do valor histórico que isso representa. É importante ressaltar que apesar dessas características positivas, esses textos não possuem qualquer valor doutrinário ou religioso e, portanto, não podem fazer parte das Escrituras Sagradas. Entretanto, alguns argumentos são levantados por aqueles que defendem a autoridade desses textos.

O Concílio de Trento, segundo os defensores dos apócrifos, é apresentado como detentor de autoridade suficiente para decidir a canonicidade e incluir no Cânon Sagrado qualquer texto que se julgue necessário. Afirmam que quando o concílio decidiu incorporar os sete livros apócrifos no Cânon, em 18 de Abril de 1546, foi sob a orientação, única e exclusiva, do Espírito Santo. Eis um trecho do texto de aprovação dos apócrifos citado por Schaff (1919):

> *"O sínodo [...] recebe e venera [...] todos os livros, tanto do Antigo Testamento como do Novo [incluindo-se os apócrifos] – entendendo que um único Deus é o Autor de ambos os testamentos [...] como se houvessem sido ditados pela boca do próprio Cristo, ou pelo Espírito Santo [...] se alguém não receber tais livros como sagrados e canônicos, em todas as suas partes, da forma em que têm sido usados e lidos na Igreja Católica [...] seja anátema".*

Entretanto, não é bem isso que nos informam os registros históricos. Segundo o cardeal Pallavacini, em sua *História Eclesiástica*, em pleno Concílio travou-se uma verdadeira batalha corporal. Isso porque, dos quarenta e nove bispos que estavam presentes, quarenta envolveram-se num tumulto e, agarrados às barbas e batinas uns dos outros, agrediram-se fisicamente. Foi nesse ambiente "espiritual" que se deu a inclusão dos apócrifos no Cânon Católico Romano, sentencia Pallavancini.

A bem da verdade, a inclusão dos apócrifos entre os textos canônicos constituiu-se numa reação da Igreja Católica Romana contra as idéias defendidas pelo movimento de reforma liderado pelo monge agostiniano Martinho Lutero. É no afã de combater as idéias propaladas pelo reformista alemão e fundamentar as doutrinas que ele combatia, que o Concílio decidiu incorporar ao rol dos livros canônicos os apócrifos (Tobias, Judite, Sabedoria, Eclesiástico, Baruque, I e II Macabeus).

Como argumento em favor da aceitação dos apócrifos, citam a influência exercida por Santo Agostinho (354-430) tanto no Concílio de Hipo (393 d.C.) quanto no Concílio de Cartago (397 d.C.), como preponderante para a utilização dos apócrifos. Agostinho, um dos mais maiores teólogos da igreja cristã em todos os tempos, concordava com a canonicidade dos textos apócrifos (aqueles relacionados acima). Foi em virtude de sua apreciação por esses livros que a igreja cristã ocidental passou a utilizar os apócrifos do Antigo Testamento em suas liturgias públicas diárias.

Acompanhando a afinidade de Santo Agostinho pelos apócrifos, citam também os primeiros pais apostólicos como peça fundamental para a aceitação da legitimidade dos apócrifos. Afinal de contas, advogam, se os primeiros Pais da Igreja concordaram com a legitimidade desses livros, não há por que negá-los.

Os defensores da literatura apócrifa citam possíveis referências que o Novo Testamento faz de alguns desses livros. Sugerem que a citação que o apóstolo Paulo faz dos nomes de Janes e Jambres, em II Timóteo 3.8, foi abstraída de algum texto apócrifo, pois não são mencionados pelo patriarca Moisés no livro de Êxodo (7.10). Por semelhante modo, citam a epístola do apóstolo Judas que, em seu único capítulo (14-15), traz uma profecia proferida por Enoque, possivelmente tirada do livro apócrifo de *Enoque*.

Alegam também que os escritores do Novo Testamento, ao utilizarem a versão Septuaginta (tradução do Antigo Testamento), estavam aceitando e, conseqüentemente, legitimando a canonicidade dos apócrifos constantes nessa versão. Assim, ao argumentarem que esses autores, uma vez fazendo referência a textos constantes em livros apócrifos, reconhecem sua legitimidade, estão admitindo, por via de conseqüência, uma espécie de *canonicidade por tabela*. O simples fato de os escritores do Novo Testamento terem utilizado a *versão septuaginta* (em grego) e não outra versão (como a *palestina*, em hebraico, por exemplo) revela tão somente a simples conveniência histórica, pois a grande maioria da população palestina (formada por judeus e gentios) conhecia tão-somente o aramaico e o grego koinê (*comum*), relegando o hebraico à circunferência das sinagogas. Assim, da mesma forma como a ausência de referências a determinados livros do Antigo Testamento no Novo – como é o caso de Esdras, Neemias, Ester, Eclesiastes, Cantares de Salomão, Obadias, Naum e Sofonias – não sugerem que os tais não sejam canônicos, a simples citação de alguns textos apócrifos (IITm.3.8; Jd.14-15) não os tornam canônicos.

Os defensores da canonicidade dos livros apócrifos do Antigo Testamento ainda citam, como argumento para a aceitação de tais textos, a presença dos mesmos nos mais antigos manuscritos. É o caso, por exemplo, do *Codex Sinaiticus*. Descoberto, em 1844, por von Tischendorf (1815-1874), quando empreendia uma viagem de pesquisa pelo Oriente Próximo, precisamente na Península do Sinai[4], o *manuscrito sinaiticus*[5], excetuando Ezequiel, Daniel, Oséias, Amós e Miquéias,

---

[4] Tischendorf, durante suas pesquisas na biblioteca do mosteiro de Santa Catarina, na Península do Sinai, percebeu, dentro de uma cesta contendo materiais que seriam queimados, uma relativa quantidade de manuscritos (ao todo, quarenta e três páginas). Percebendo que se tratava de uma das cópias mais antigas do Antigo Testamento (em grego) que já tinha visto, adquiriu-as gratuitamente do bibliotecário daquele mosteiro que, desconhecendo o valor daquelas cópias, informara-lhe que outras tantas já haviam sido incineradas. Descobrindo que mais de oitenta (80) páginas ainda restavam, tentou, avidamente, adquiri-las. Entretanto, seu entusiasmo aguçou a curiosidade dos monges que, ao atinarem para a preciosidade daquele material, o retiveram. Constantin von Tischendorf retornou à Europa levando consigo suas quarenta e três páginas. Dez anos depois (1854), torturado por sua consciência pelo fato de não ter adquirido as páginas restantes, retorna ao mosteiro de Santa Catarina na tentativa de comprá-las. Entretanto, mais uma vez, os monges mantiveram-se irredutíveis em vendê-las ao pesquisador. É somente em 1859, quinze anos (15) depois do seu primeiro contato com os manuscritos, que as coisas mudariam. Desta vez patrocinado pelo Czar Alexandre II (Rússia), Tischendorf retorna ao mosteiro, onde adquire, de um outro monge que não estava a par dos diálogos anteriores, uma cópia, em perfeito estado, da Septuaginta. Tischendorf percebeu que as páginas que havia adquirido por ocasião de sua primeira visita ao mosteiro eram cópias exatas da Septuaginta que agora tinha em mãos. Se nada mudou desde 1991, esse manuscrito encontra-se atualmente no Museu Britânico, onde é exposto a visitantes autorizados desde 1933.

contém porções do livro de Gênesis, Números, I Crônicas, II Esdras, Ester e os textos completos de Jó, Salmos, Provérbios, Eclesiastes, Cântico dos Cânticos e os livros apócrifos de Tobias, Judite, I e II Macabeus.

Segundo os defensores desses textos, a própria comunidade de Qumran é um depositário de provas favoráveis à legitimidade dos apócrifos do Antigo Testamento. Afinal de contas, é justamente ali que, em 1947, descobriu-se um número considerável de textos apócrifos, alguns deles redigidos em hebraico, portanto, prova suficiente de que teriam sido utilizados por judeus palestinos do início do primeiro século da era cristã.

A síntese dos argumentos citados acima, aliados a alguns outros que poderiam ser mencionados, fornecem-nos uma visão ampla da extrema argúcia daqueles que defendem a legitimidade dos apócrifos do Antigo Testamento. A toda evidência, defendem, se os cristãos da época de Cristo, entre eles os próprios apóstolos, e depois deles os primeiros cristãos da era pós-apostólica (entre esses alguns líderes proeminentes, como Irineu, 125-202 d.C., Clemente de Alexandria,150-215 d.C. e Orígenes, 185-254 d.C.), utilizaram os textos apócrifos sem nenhuma restrição, não há por que não aceitá-los como canônicos. Ademais, ratificam, o Concílio realizado na cidade italiana de Trento (em 1546) foi uma conseqüência lógica desse processo de uso dos apócrifos que culminou com a inclusão desses livros no rol dos textos sagrados.

O fato é que os autores do Novo Testamento não reconhecem a canonicidade dos livros apócrifos do Antigo Testamento constantes na versão septuaginta por eles utilizada. Nesse sentido, o simples fato de haver citações desses livros nas páginas neotestamentárias, isso é, no Novo Testamento, indica, quando muito, que eram tidos em menor estima pelos escritores sagrados da Nova Aliança. E de fato, verberam a grande parte dos estudiosos do assunto, os apócrifos devem ser tidos em menor estima, afinal de contas, não fazem parte do Cânon Sagrado do Antigo Testamento. Portanto, quando os escritores sacros se utilizam dessas referências apócrifas (são apenas duas: 2Tm.3.8 e Jd.14-15, ou três se considerarmos, como efetivamente o fazem alguns pesquisadores, Hb.11.35 uma indicação dos capítulos 7

---

5 *Manuscrito Sinaiticus*. Recebe esse nome em virtude do lugar de sua descoberta, isto é, a Península do Sinai. Sobre o termo *"Codex"*, veja nota n° 01, no capítulo I da Primeira Unidade.

e 12 do livro de II Macabeus), fazem-no com absoluta restrição e conveniência de constarem na *versão alexandrina*[6]. Afinal, a coleção genuinamente aprovada pelos rabinos à época da formação do Cânon é, sem sombra de dúvidas, a palestina, ou seja, a coleção formada por trinta e nove (39) livros.

2.2 – Apócrifos do Antigo Testamento: Conteúdo

Os livros apócrifos, que foram incluídos na versão septuaginta durante sua tradução, somam um total de quinze textos. Segundo tabela proposta por Geisler e Nix (1997), são eles: *Sabedoria de Salomão, Eclesiástico, Tobias, Judite, I Esdras, I Macabeus, II Macabeus, Baruque, Epístola de Jeremias, II Esdras, Ester* (adições), *Oração de Azarias, Susana, Bel e o Dragão* e a *Oração de Manassés*.

2.2.1 – Sabedoria de Salomão

O livro a Sabedoria de Salomão, escrito, provavelmente no ano 30 a.C., por um judeu alexandrino que, desejando respaldar sua obra literária, fez o papel de Salomão, apresenta uma relativa semelhança com os livros canônicos que abordam a questão sabedoria (Jó, Provérbios e Eclesiastes). Nesse livro, são abordados temas como as perplexidades diante da vida, o contraste entre o justo e o injusto, o elogio à sabedoria e sucessivas comparações sobre a sorte dos judeus e dos egípcios. É em virtude dessas seleções de temas que, misturando o pensamento hebreu com a filosofia grega, o livro em questão pode facilmente ser esboçado, o que não acontece, conforme veremos, com o seu quase-contemporâneo, o *Eclesiástico*.

2.2.2 – Eclesiástico

Também chamado de *Sabedoria de Jesus, o Filho de Siraque* ou simplesmente *Sirácida*, o livro apócrifo de Eclesiástico surgiu no ano 132 a.C., redigido por um escriba e filósofo judeu chamado *Ben Sira*. Contendo uma série de aforismos, ou seja, declarações breves e resumidas, ordenadas mais ou menos ao acaso, o livro de *Eclesiástico* é desprovido de ordenamento lógico, isto é, não há progressão no pensamento e, conse-

---

[6] A presente expressão refere-se à *versão septuaginta*. Fala-se "alexandrina" em virtude do fato de haver sido feita (a tradução do Antigo Testamento do hebraico para o grego) na cidade egípcia de Alexandria.

qüentemente, nos assuntos que o autor aborda. Nesse sentido, contrariamente ao livro de *Sabedoria de Salomão*, o livro apócrifo de *Eclesiástico* vai saltando de um assunto para o outro. Sendo assim, temas como a *sabedoria*, a *humildade*, a *amizade*, as *mulheres*, a *providência divina* e alguns cânticos dispostos no final do livro, vão se alternando à semelhança do livro de *Provérbios*.

2.2.3 – Tobias

Este livro, que tanto na *Vulgata* (tradução do grego para o latim) quanto na *Septuaginta* foi adicionado após o livro de Neemias, foi escrito provavelmente em 200 a.C. É de consenso entre os estudiosos que o livro de Tobias é um romance inteiramente desprovido de qualquer valor histórico, uma vez que tem sua narrativa centrada em torno de uma única personagem. O conteúdo retrata a história de duas famílias judaicas que, mesmo deportadas para a Assíria, mantiveram-se fiéis aos preceitos da lei mosaica. Tobit, patriarca de uma das famílias e administrador do rei assírio (Salmanaser), perde a boa condição social que possuíra na Assíria e, como se não bastasse, fica cego. Tobias, enviado por seu pai, Tobit, para recuperar uma soma em dinheiro anteriormente depositada na Média, encontra Rafael, um anjo que assumira a forma humana. Tobias, orientado por Rafael para que desposasse uma jovem e casta viúva chamada Sara, filha única da outra família e que, atormentada, tem seus pretendentes (sete!) mortos por um demônio na própria noite de núpcias, desposa a jovem e, vencendo o demônio, restaura a visão do pai.

2.2.4 – Judite

Contrariamente ao livro de *Eclesiástico*, cuja data para a sua redação não comporta dúvidas entre os pesquisadores, o livro de *Judite* tem sido datado com boa variedade de datas, ou seja, desde a época dos Macabeus (de 167 a 63 a.C.) até o tempo de Adriano, o décimo quinto imperador de Roma (130 d.C.). Seu conteúdo, extremamente exortativo e sem nenhuma influência farisaica, narra a história de uma bela, rica e devota viúva israelita que, por ocasião da invasão assíria sobre o reino do Sul (Israel), fingindo entregar-se a Holofernes, oficial do exército babilônico, entra em seus aposentos e, astutamente, mata-o, decepando-lhe a cabeça. Em seguida, narra o livro, os assírios são derrotados e o acampamento deles saqueado.

2.2.5 – I Esdras

Escrito em algum momento entre 150 e 100 a.C., o livro apócrifo de *I Esdras*, também chamado de *Esdras Grego*, recebe na Septuaginta o nome de *III Esdras*, pois *I* e *II Esdras* são os nomes dados para os livros canônicos de *Esdras* e *Neemias*. A característica essencial dessa obra é o fato de ser uma compilação dos livros de Crônicas, Esdras e Neemias. O período histórico coberto por esse livro vai desde a páscoa celebrada por Josias até o papel desempenhado por Esdras, como líder de Israel. Entre outras coisas, o livro menciona os feitos dos últimos reis de Judá, o edito de Ciro autorizando o retorno dos judeus do exílio babilônico, a carta dos samaritanos ao rei Artaxerxes e a reconstrução do templo em Jerusalém.

2.2.6 – I Macabeus

É considerado o mais importante dos apócrifos. Escrito provavelmente no início do segundo século a.C., o livro tem seu título extraído do sobrenome *Macabeu* ("martelo"), dado ao principal herói, Judas. O conteúdo do livro gira em torno da luta empreendida pelos judeus, liderados por Judas e seus irmãos, em se manterem fiéis às tradições e fé judaicas contra o processo de helenização empreendido por Antíoco IV Epifânio, ardoroso defensor da cultura, maneiras e religião gregas.

2.2.7 – II Macabeus

Escrito mais ou menos na mesma época de I Macabeus (entre 110 e 70 a.C.) e de autoria diferente, *II Macabeus* é na verdade um resumo do primeiro volume. O livro traz um sumário dos cinco livros escritos por um certo Jansom de Cirene, os quais cobrem um período histórico que vai do ano 175 a 160 a.C. Nesse livro, repleto de lendas, o autor menciona o saque do templo por Selêuco IV, terminando com a vitória de Judas sobre Nicanor, general do exército de Antíoco IV Epifânio.

2.2.8 – Baruque

Escrito provavelmente entre 150 e 50 a.C., o livro é atribuído a Baruque, filho de Nerias, secretário do profeta Jeremias (Jr.32:12-16; 43:3). Recheado de paráfrases de Jeremias, Daniel e outros profetas, *"Baruque"* foi redigido após a deportação dos judeus e enviado a Jerusalém para ser lido nas assembléias litúrgicas pelos judeus recém-chegados. O livro é composto por quatro partes distintas, com pouca relação entre si: (1) introdução; (2) oração de confissão dos pecados; (3) meditação sobre a sabedoria e (4) exortação a Jerusalém.

2.2.9 – Epístola de Jeremias

Incluída nos apócrifos como uma espécie de acréscimo ao livro de Baruque, a *Epístola de Jeremias* é na verdade uma acirrada crítica à idolatria. A autoria da carta, escrita em algum momento entre 300 e 100 a.C., é atribuída a Jeremias e destinada aos judeus que estavam sendo exilados para Babilônia (Jeremias, segundo Jr.29.1, não foi deportado com os demais, ficou no que restara de Jerusalém).

2.2.10 – II Esdras

Redigido em algum momento perto do fim do primeiro século da era cristã, o livro apócrifo de *II Esdras* pode também ser nomeado como *Apocalipse de Esdras*, pois contém visões e elementos de cunho apocalíptico atribuído a Esdras. O autor, que toma de empréstimo o nome de Esdras, com o intuito de dar ao livro uma maior influência e mais ampla distribuição (prática comum na época), estrutura o livro a partir da experiência de Esdras em ver, com perplexidade, a decadência de Jerusalém em contraste com o esplendor da cidade de Babilônia. É a partir desse momento que as visões, sete ao todo, vão se sucedendo.

2.2.11 – Ester

Ester, na verdade, não é um livro, mas uma adição, ou seja, um acréscimo apócrifo ao livro canônico de Ester. Segundo Tognini (1987), com o intuito de suprir a falta de referências ao nome de Deus no já citado livro, alguns habilidosos copistas resolveram, sem qualquer êxito, acrescentar referências contendo o nome de Deus. Contendo seis passagens, totalizando cento e sete versículos, *Ester* foi redigido entre 140 e 110 a.C. e, entre outras coisas, mostra dois dragões que, lutando entre si, aparecem no sonho de Mordecai.

2.2.12 – Oração de Azarias

Escrita no século II a.C., a *Oração de Azarias* trata-se de um acréscimo feito ao livro canônico de Daniel (3.24). A oração, posta nos lábios de Azarias – o verdadeiro nome de Abede-Nego (nome babilônico) - foi proferida quando estava, juntamente com seus dois companheiros Hananias (Sadraque) e Misael (Mesaque), na fornalha ardente, onde haviam sido atirados por Nabucodonossor (Dn. 3.8ss). O conteúdo da oração pode ser resumido nos seguintes elementos: doxologia, declaração da justiça de Deus, apelo para que Deus se lembre de Sua aliança com o povo hebreu e voto de fidelidade e súplica por livramento.

2.2.13 – Susana

Tal como a Oração de Azarias, *Susana* é um acréscimo incorporado ao livro de Daniel. Redigido no século II a.C. por um autor desconhecido, o texto narra como a esposa piedosa de um judeu rico da Babilônia, após ter sido acusada falsamente de adultério, fora inocentada pela sabedoria de Daniel. Dali por diante, sentencia o texto, estava firmada a reputação do profeta Daniel diante de todo o povo.

2.2.14 – Bel e o Dragão

Do mesmo gênero literário dos três antecedentes, *Bel e o Dragão* é mais um acréscimo incorporado ao livro de Daniel. De autoria incerta, o texto tem sua data de redação também mergulhada em incertezas, muito embora alguns poucos estudiosos concordem com o ano 100 a.C. como a data mais provável para a sua escrita. Sobre *Bel* e o *Dragão* o presente adendo diz o seguinte: O rei de Babilônia reverenciava o ídolo babilônico *Bel*, e Daniel, pretendendo provar a farsa dos "sacerdotes" de Bel, espalhou cinzas no assoalho do templo em volta do altar onde, imaginava o rei, Bel diariamente comia as oferendas que lhe eram dedicadas. No dia seguinte às ofertas, as pegadas dos sacerdotes estavam no chão, prova de que comiam as ofertas ali postas e atribuíam o feito ao ídolo. Os sacerdotes foram mortos, o templo de Bel destruído e o nome de Deus foi adorado. Semelhantemente, um *dragão*, que comia e bebia, era adorado em toda a Babilônia. E Daniel, o profeta, declarou ser capaz de matá-lo sem usar a espada. Para isso, fez um preparado utilizando-se de piche, cabelos e gordura. Fazendo bolos com a mistura Daniel fez com que o animal a comesse, e este, após ingerir o indigesto alimento, explodiu pelo meio. É em virtude desse feito que Daniel, segundo esse acréscimo, fora lançado na cova dos leões.

Questão para Reflexão

Os Apócrifos do Antigo Testamento, incluídos na Coleção Canônica por ocasião do Concílio de Trento, tiveram como único objetivo fornecer fundamento textual às doutrinas espúrias e antibíblicas daqueles que, ludibriados pelas vantagens e regalias pecaminosas oriundas do poder estatal, empenharam-se na chamada Contra-Reforma Protestante. Quais os argumentos contrários à legitimidade desses apócrifos?

CAPÍTULO 3

Os Apócrifos do Novo Testamento

O período do Novo Testamento, tal como em épocas anteriores, também teve a presença de textos ilegítimos, os quais surgiram na tentativa de trazer luz a fatos que aparentemente eram obscuros nas Escrituras Sagradas. Esses apócrifos, marcados pelas mais fantasiosas e absurdas histórias a cerca de Cristo e seus apóstolos, correspondem a um capítulo importante na trajetória da história da Igreja, pois revelam as peculiaridades históricas, culturais, sociais e religiosas dos judeus e gentios desse período formativo dos costumes e doutrinas cristãs. Devido a essa importância, neste capítulo, apresentaremos uma breve noção do conteúdo desses textos, observando os princípios errôneos constantes nas páginas desses textos.

3.1 – Os Apócrifos do Novo Testamento

Os apócrifos do Novo Testamento, apesar de apresentar um certo valor histórico, em virtude das inúmeras heresias em suas páginas, foram totalmente rejeitados pela Igreja.

Segundo os estudiosos, idéias teológicas fundamentais, tais como a divindade de Cristo e Sua ressurreição dentre os mortos, são encontradas em fragmentos nas narrativas apócrifas do Novo Testamento, coadunando, assim, com os ensinamentos propalados pela totalidade dos livros canônicos neotestamentários. Geisler e Nix (1997) salientam que, sejam quais forem os fragmentos de verdade que por ventura ainda preservem, tornam-se obscurecidos pelas fantasias e lendas religiosas que registram, as quais infestavam aqueles anos incipientes da história. Esses livros apócrifos refletem as inúmeras divergências doutrinárias e crenças das principais seitas e movimentos heréticos da época.

Os principais apócrifos do Novo Testamento podem ser classificados em quatro gêneros distintos, são eles: Evangelho, atos, epístolas e textos apocalípticos.

Gênero: EVANGELHOS

Nome	Possível Data
Evangelho Segundo os Hebreus	Fim do primeiro século d.C.
Evangelho dos Ebionitas	Cerca de 150 d.C.
Evangelho Segundo os Egípcios	Cerca de 150 d.C.
Evangelho Segundo Pedro	Cerca de 160 d.C.
Evangelho Segundo Mateus	Entre o II e III século d.C.
Evangelho Segundo Felipe	Entre o II e III século d.C.
Evangelho Segundo Tomé	Entre o II e III século d.C.
Evangelho Segundo Bartolomeu	Entre o II e III século d.C.
Evangelho Segundo Barnabé	Entre o II e III século d.C.
Proto-evangelho de Tiago	II século d.C.

Gênero: ATOS

Nome	Possível Data
Atos de Pedro	Fim do II século d.C.
Atos de João	Entre 150 e 180 d.C.
Atos de Paulo	Entre 160 e 170 d.C.
Atos de Tomé	III século d.C.
Atos de Matias	Incerta
Atos de Filipe	Incerta
Atos de Tadeu	Incerta

Gênero: EPÍSTOLAS

Nome	Possível Data
III Epístola aos Coríntios	Século II d.C.
Epístola aos Laodicenses	Fim do II século d.C.
Carta dos Apóstolos	Fim do II século d.C.
Correspondência entre Sêneca e Paulo	Século IV d.C.

Gênero: APOCALIPSES

Nome	Possível Data
Apocalipse de São Paulo	Cerca de 380 d.C.
Apocalipse de São Pedro	Meados do II século d.C.
Apocalipse de Messos	Século III d.C.
Apocalipse de Dositeu	Século III d.C.
Segundo Apocalipse de Tiago	Século III d.C.
Sibila Cristã	Século III d.C.

3.2 – Os Princípios Errôneos dos Apócrifos do Novo Tes-tamento

Muitos textos apócrifos do Novo Testamento surgiram dentro do próprio judaísmo a partir da mistura da lei mosaica com os ensinamentos provenientes do cristianismo. É o caso do chamado *movimento ebionita*. Esse movimento manifestava-se radicalmente contrário à interpretação paulina da fé cristã e, ainda que acreditasse no caráter messiânico de Cristo, negava Sua divindade e considerava que a salvação só se tornava possível mediante a fé e as obras. Seguindo-se de perto o judaísmo, pregava a necessidade de circuncidar os homens que se convertessem, insistia na guarda do Sábado e realizava algumas atividades e liturgias típicas da religião judaica. Além disso, repudiava as epístolas redigidas pelo apóstolo Paulo, taxando-as de heréticas.

Outros apócrifos, por sua vez, se não partilhavam da origem judaica, decorriam das idéias que predominavam nos meios cultos daquela época. Entre elas o *gnosticismo*. O *movimento gnóstico* ou *gnosticismo*, como ficou conhecido, foi um movimento filosófico-religioso dedicado à obtenção de um conhecimento genuíno maior, por meio do qual, acreditavam seus adeptos, poderia ser obtida a salvação eterna. O gnosticismo seria o mais profundo conhecimento de Deus, do mal e da salvação. Assim como as religiões misteriosas da Grécia, o gnosticismo propalava possuir o conhecimento esotérico que, ao contrário daqueles que não pertenciam ao movimento, se tornaria propriedade exclusiva dos iniciados. Neste sentido, a redenção (salvação) alcançaria somente esses iniciados, chamados de "eleitos". Os demais, por outro lado, estariam condenados à perdição eterna, pois estavam tão imersos e de tal modo envolvidos nos princípios materiais que não teriam condições de alcançar qualquer coisa que fosse espiritual.

Portanto, a perfeição tão almejada pelos homens, tornar-se-ia uma eterna impossibilidade para os não eleitos, para os não iniciados, pois consistia na fusão da alma com a divindade, e isso só seria possível mediante um profundo conhecimento das coisas divinas, algo que somente os iniciados possuíam. Segundo Berkhof (1992), os adeptos do movimento gnóstico se envolveram com alguns dos mais complicados e controversos problemas da filosofia e da religião, aproximando-se dos mesmos de modo errôneo e, por via de conseqüência, sugerindo soluções completamente divergentes das verdades reveladas por Deus nas Sagradas Escrituras.

Em relação a Cristo, o gnosticismo sustentava que seria tão-somente um *demiurgo*, ou seja, uma das mais elevadas e perfeitas emanações de Deus – e haviam muitas, de diferentes ordens e categorias. Segundo criam, essas emanações eram seres formados de *espírito* e *matéria*, sendo que a matéria era mais abundante que o espírito. Essa composição, ensinavam os gnósticos, dava ao demiurgo a capacidade criativa e o poder para criar o mundo material. Isso porque, o Deus supremo não poderia ter criado o mundo, isso faria dele um ser mau e, consequentemente, imperfeito. Os gnósticos pensavam assim em virtude de seu dualismo, pois defendiam a separação entre o *mundo espiritual* e o *mundo material*, isto é, o primeiro seria essencialmente bom e o segundo, por sua vez, essencialmente mau.

Neste sentido, como podemos observar, tudo aquilo que se relaciona à matéria é fundamentalmente mau, e tudo aquilo que se relaciona ao espírito, conclui-se, fundamentalmente bom. Logo, se alguém deveria ser culpado pela criação de um mundo perverso, como é esse mundo da matéria, esse alguém seria um demiurgo, uma das emanações de Deus.

Não é difícil imaginarmos os grandes e graves transtornos que o movimento gnóstico trouxe para a Igreja Cristã Primitiva, afinal de contas, fez frente ao cristianismo por nada menos que cento e cinqüenta anos, tendo atingido o seu ponto culminante na segunda metade do segundo século d.C. Se o movimento gnóstico tivesse vencido a igreja, sentencia Cairns (1988), o cristianismo não teria passado de uma mera religião filosófica do mundo antigo.

Os textos que surgiram nesta época, desprovidos da plena inspiração divina e amplamente influenciados pelas idéias gnósticas, constituem-se fonte dos mais nefastos erros teológicos e doutrinários. Enquanto movimento relígeo-filosófico, o gnosticismo perdeu força a partir do terceiro século d.C., deixando em seu lugar o *maniqueísmo*, uma espécie de filosofia dualista que enfatizava a vida ascética como meio de alcançar a salvação eterna. Entretanto, deixou uma série de obras que, embora eivadas das mais fantasiosas histórias, permanecem até hoje, tornando-se fonte de inspiração para outros tantos textos falaciosos, como é o caso do *Código da Bíblia*, de Michael Drosnin.

3.3 – A Biblioteca de Nag Hammadi

Até bem pouco tempo, tudo quanto conhecíamos sobre o gnosticismo era proveniente dos textos que foram escritos com o objetivo de combate-lo. É o caso, por exemplo, do livro *Contra as Heresias*, escrito por Irineu (125-202 d.C.); a *Reputação de Todas as Heresias*, escrito por Hipólito (160-236 d.C.) e o *Panarion*, texto escrito pelo bispo de Constância, Epifânio (315-403 d.C.), onde além do gnosticismo, refutava cerca de oitenta sistemas considerados por ele heréticos.

Entretanto, a arqueologia nos presenteou com a descoberta da chamada *Biblioteca de Nag Hammadi*, nome derivado de uma cidade egípcia próxima ao local onde a biblioteca foi encontrada. A descoberta, feita em 1943, trouxe à luz quase cinqüenta documentos que, traduzidos do grego para o idioma cóptico e datados provavelmente do século II d.C., trazem os principais ensinamentos transmitidos pelo movimento gnóstico durante as décadas incipientes do cristianismo. Muitos dos textos, conforme vimos frisando, posicionam-se contrariamente aos ensinamentos postulados pelos livros canônicos do Novo Testamento. Entre o material encontrado podemos citar, para efeito exemplificativo, a *Epístola do Bem-aventurado Eugnosto*, *Tríplice Discurso da Tríplice Protenoia*, *Livro Secreto de João*, *Tradições de Matias* e o *Apocalipse do Grande Sete*.

Ademais, uma leitura superficial dos documentos constantes na Biblioteca de Nag Hammadi é suficiente para nos mostrar o grau de nocividade que as idéias gnósticas traziam. Afinal de contas, negavam a divindade de Cristo, a ressurreição do corpo e, entre outras coisas, ensinavam que a tarefa de Jesus era transmitir um *conhecimento* (*a gnose*) especial que auxiliaria o homem a obter a salvação por intermédio de um processo essencialmente intelectual.

Assim sendo, é compreensível que, em virtude de terem sido influenciados por princípios errôneos – de cunho judaico ou filosófico – como o gnosticismo e contendo grande quantidade de lendas e histórias fantasiosas, os livros apócrifos do Novo Testamento tenham sido repudiados pela cristandade.

3.4 – O Perigo dos Textos Apócrifos

O célebre livro de Otto Borchert, intitulado *O Jesus Histórico*, traz um fascinante retrato da singularidade de Jesus, provando, através de fatos históricos, que era impossível alguém ter inventado sua história. Utilizando-se das características e dos ensinos de Jesus revelados nos Evangelhos, explica que esses fatos históricos são completamente contrários à imagem que os críticos fazem a respeito d'Ele. *"O retrato de Jesus que é apresentado se eleva acima dos conceitos e das invenções humanas, é grande demais, puro demais, perfeito demais para ter sido concebido por cérebro humano"* (Borchert, 1985).

Como Borchert, outros estudiosos combateram veementemente os críticos que, apelando para os textos apócrifos do Novo Testamento, procuram mostrar que o Jesus da história era completamente diferente do Jesus que aparece nos quatro evangelhos. Neste sentido, as pessoas que possuem uma compreensão limitada ou desconhecem completamente esses livros apócrifos e suas idéias fantasiosas não serão capazes de discernir os erros contidos nas obras daqueles que procuram apresentar um Jesus histórico completamente oposto àquele apresentado nas páginas sagradas do Novo Testamento (McDOWELL / WILSON, 1995). Eis a razão para o receio e cautela que devemos ter em relação a tais escritos. Esses textos, em menor ou maior grau, não possuem credibilidade doutrinária, pois os ensinos e as informações que avidamente procuram transmitir fazem o percurso inverso daquilo que os apóstolos e discípulos de Jesus transmitiram em seus escritos.

> *"A característica que se torna rapidamente óbvia ao lermos o que resta desses evangelhos apócrifos é que uma alta proporção deles se inclina claramente para uma interpretação gnóstica da vida e ensinos de Jesus. Isto é verdade, por exemplo, em relação a todo o material de Nag Hammadi, que representa claramente a biblioteca de um grupo gnóstico. Muito do que não é gnóstico é também claramente destinado a promover outras tendências doutrinárias que se sabe terem surgido no cristianismo do século 2° e mais recente, tal como a doutrina dos "horrores do inferno" ou da virgindade perpétua de Maria"* (FRANCE, 1986).

Assim sendo, as reconstruções históricas que os estudiosos (admiradores dos apócrifos) fazem a respeito da vida terrena de Jesus, especialmente aqueles referentes a detalhes não constantes nos evangelhos autorizados (canônicos), a partir dos relatos tal como apresentados por esses textos apócrifos, são completamente falaciosas, incoerentes e, por tudo isso, insustentáveis. Neste sentido, argumentam McDowell e Bill Wilson (1995):

> *"Ao ignorarem virtualmente os evangelhos canônicos e usarem material apócrifo como fundamento, elas constróem uma imagem de Jesus que, em vista da melhor evidência histórica, precisa de mais "fé" para ser acreditada do que a exigida para aceitar os relatos do Novo Testamento".*

É nessa tentativa de acrescentar informações às lacunas constantes nos textos do Novo Testamento que reside o perigo dos textos apócrifos. É o caso, por exemplo, dos livros que narram a infância, adolescência e a juventude de Jesus. Pois, como se sabe, as Escrituras nada dizem a respeito do período entre seu nascimento em Belém da Judéia (Mt.1.18ss; Lc.2.1) e o momento em que reaparece, aos doze (12) anos de idade, no Templo de Jerusalém por ocasião da Páscoa (Lc.2.41-42). Depois disso nada mais é dito, por qualquer evangelista, a respeito de sua infância ou adolescência, apenas que *"[...] crescia [...] em sabedoria, estatura e graça, diante de Deus e dos homens"* (Lc.2.52).

À semelhança dos períodos de infância e adolescência, os evangelhos nada registram a respeito da juventude de Cristo. As referências definitivas (ministério, paixão, sofrimentos, morte e ressurreição) começam às margens do rio Jordão, após ser batizado por João Batista (Mt.3.13-17; Mc.1.9-11; Lc.3.21-22; Jo.1.32-34). Portanto, são naturais as indagações que se fazem a respeito dos anos que antecederam Seu batismo no Jordão. Onde esteve?

Seguindo a linha de raciocínio de F. F. Bruce, emérito professor de Crítica Bíblica e Exegese na Universidade de Manchester (Inglaterra), as informações que esses apócrifos trazem a respeito desses períodos de silêncio literário – *"silêncio literário"* no sentido de faltarem registros autênticos, sejam orais ou escritos – não passam de enfeites fantasiosos, cujo único objetivo é encher de detalhes as lacunas deixadas pelos evangelistas. Acredita-se que se fizesse parte dos planos de Deus as riquezas de detalhes dos acontecimentos registrados pelos evangelistas (patriarcas ou profetas) ou que as lacunas que efetivamente foram deixadas por eles não existissem, com ampla certeza, o Espírito Santo se encarregaria de conduzi-los nessa empreitada. Afinal de contas, *"[...] nenhuma mensagem profética veio da vontade humana, mas as pessoas eram guiadas pelo Espírito Santo quando anunciavam a mensagem que vinha de Deus"* (IIPe.1.21). Logo, é salutar compreendermos que os Textos Sagrados – não apenas do Novo, mas de ambos os testamentos – contém efetivamente aquilo que o Soberano Senhor determinou que contivessem.

O interessante nesta presente observação, é que os escritores sagrados tinham consciência de que os detalhes trazidos por seus textos eram escassos. É neste sentido que João escreve no final de seu evangelho: *"Há, porém, ainda muitas outras cousas que Jesus fez. Se todas elas fossem relatadas uma por uma, creio eu que nem no mundo inteiro caberiam os livros que seriam escritos"* (21.25). O que o evangelista estava dizendo com essas palavras é que o relato que ele havia feito a respeito de Jesus havia sido selecionado a partir de uma enorme quantidade de material que poderia ter sido escrito (PACK, 1983).

Portanto, o fato de os textos apócrifos do Novo Testamento suprirem de abundantes detalhes os relatos da vida e ministério de Jesus – e outros eventos obscuros – é clara indicação de que a eles falta a credibilidade peculiar às obras canônicas.

Questão para Reflexão:

Os livros apócrifos surgiram num período de ausência da presença divina, de efervescência dos pensamentos dúbios e idéias fantasiosas da mente humana. Partindo desse fato histórico e conscientes da não canonicidade desses livros, como eles podem contribuir para o estudo das Escrituras Sagradas?

CAPÍTULO 4

A Igreja e Os Apócrifos

O processo de canonização do Novo Testamento foi longo porque diversos textos não foram aceitos com rapidez ou não tiveram, de imediato, seu reconhecimento homologado pela liderança cristã. Neste capítulo, verificaremos os livros ágrafos os quais registram possíveis declarações de Jesus que, por razões desconhecidas, não se encontram registradas em nenhum dos Evangelhos. Também observaremos que nem todos os livros que circularam entre a comunidade cristã do primeiro século tiveram dificuldade para entrar para o Cânon do Novo Testamento, o que não ocorreu com outros livros que, conforme veremos, foram postos em dúvida e, até que fossem definitivamente incorporados ao Cânon, foram vistos com reservas.

4.1 – Ágrafos do Novo Testamento

O termo ágrafo, que significa em grego *coisa não-escrita*, passou a ser utilizado pela Igreja para referir-se a possíveis declarações de Jesus que não foram registradas nos Evangelhos. São frases que Jesus teria dito e que foram preservadas somente pela tradição oral (transmitidas oralmente, de boca em boca), sem a preocupação de registra-las nos evangelhos (Jo.21.25). A toda evidência, os ágrafos constituem-se importantes documentos que ilustram os ensinamentos de Jesus em um ponto ou outro. Entretanto, deve-se observar que nem todos são originais, ou seja, nem todos são ágrafos genuínos.

Paulo, em sua terceira e última viagem missionária, desembarcou na cidade de Mileto e despediu-se dos presbíteros que mandara chamar em Éfeso (At.20.17). Naquele encontro, uma de suas últimas palavras foi: *"Tenho-vos mostrado em tudo que, trabalhando assim, é mister socorrer aos necessitados, e recordar as palavras do próprio Senhor Jesus: Mais bem-aventurado é dar que receber"* (At.20.35). O problema, pelo menos aparentemente, é que não existe, em nenhum dos quatro evangelhos, uma única referência que indique que Jesus tenha pronunciado tais palavras. Sendo assim, é natural questionarmos se o versículo em questão é uma referência apócrifa ou não.

Entretanto, segundo o evangelista João, Jesus teria dito e feito muito mais coisas (Jo.21.25), as quais poderiam ter sido preservadas fora dos textos canônicos do Novo Testamento. Diante de tal possibilidade, questiona-se esses ágrafos são confiáveis. Os estudiosos apresentam os seguintes critérios para se obter a certeza da legitimidade desses textos: observação da quantidade de testemunhas que sustentam a referida declaração como proveniente dos lábios do próprio Cristo; verificação da autoridade e das qualificações dessas testemunhas, pois, afinal de contas, a credibilidade de uma testemunha é a principal qualidade para alcançar a verdade a cerca de um determinado fato; concordância plena das testemunhas a respeito dos textos canônicos, visto ser inadmissível declarações que contradigam verdades estabelecidas pelas Escrituras Sagradas (McDowell,1995).

O Novo Testamento possui um número limitado de ágrafos. Em I Tessalonicenses (5.21) Paulo escreveu: *"Julgai todas as cousas, retende o que é bom [...]"*. Segundo McDowell e Bill Wilson (1995), o ágrafo que está virtualmente associado a essa passagem bíblica é *"Sede cambistas aprovados"*. Repetido mais de setenta vezes pelos pais apostólicos em diversas ocasiões, o sentido deste ágrafo é que os cristãos, tal como os cambistas habilitados na percepção e distinção das moedas verdadeiras em meio as falsas, devem estar aptos a distinguir entre o certo e o errado, entre o falso e o verdadeiro. É possível, segundo os autores citados, que alguém tenha ouvido Jesus pronunciar estas palavras e, mais tarde, as escreveu na margem de uma cópia da primeira epístola de Paulo aos Tessalonicenses.

Além das referências citadas acima (At.20.35 e ITs.5.21), alguns estudiosos consideram Jo.7.53-8.11 (a história da mulher adúltera) um autêntico ágrafo, uma vez que o relato só ocorre no evangelho de João, e mesmo assim não é apoiada pelos mais antigos textos originais (McDOWELL / WILSON, 1995).

A arqueologia tem trazido à luz um grande número de ágrafos, entretanto, desse número (centenas), apenas vinte parecem ser genuínos. É graças aos arqueólogos Grenfell e Hunt que, em 1897, vieram à tona os *papiros de Oxyrhynchus*. A 195 km do Cairo e a 16 a oeste do rio Nilo, Oxyrhynchus era uma antiga cidade egípcia (atual cidade de Benesa), e os papiros ali encontrados traziam inscritos diversas declarações extracanônicas atribuídas a Jesus, ou seja, frases proferidas por Ele que não foram registradas nos evangelhos autorizados. Entre os documentos descobertos encontra-se, por exemplo, um que traz a seguinte declaração (os papiros encontrados foram enumerados, por isso tem-se, por exemplo, papiro 1, papiro 654, papiro 655, etc.):

> *"Ai de ti cego que não vês. Tu te banhaste em água lançada fora, nas quais os cães e os porcos se deitam noite e dia e tu te lavaste e esfregaste a tua pele exterior, a qual as prostitutas e as flautistas ungem, banham, esfregam e avermelham, a fim de excitar o desejo dos homens, mas em seu interior estão cheias de escorpiões e maldades de todos os tipos. Mas eu e meus discípulos, de quem disseste que não nos lavamos, fomos imersos na água viva (Papiro n° 840)".*

O trecho citado acima pode ser relacionado ao incidente registrado em Mt.15.1 e Mc.7.1. Nestas referências os escribas e fariseus (classes político-religiosas muito atuantes na época de Jesus) criticavam os discípulos de Jesus por não lavarem as mãos antes das refeições. Assim diziam: *"Por que transgridem os teus discípulos a tradição dos anciãos? Pois não lavam as mãos quando comem"*, (Mt15.2). Mas Jesus, segundo o registro dos evangelistas, primava pela purificação interior, da alma, em detrimento da mera purificação exterior, do corpo (Mt.15.17-20). Segundo os comentaristas bíblicos, a tradição da lavagem das mãos antes das refeições era apenas uma questão de higiene por parte dos judeus. contudo, com o passar do tempo tornou-se uma espécie de purificação ritual cujo objetivo era afastar toda e qualquer possibilidade de contaminação proveniente da poeira advinda dos pagãos (Mt.10.14). Logo, é compreensível que Jesus tenha de fato pronunciado algo semelhante às palavras contidas no referido papiro, haja vista que as descobertas arqueológicas trouxeram à luz um grande número de banhos Mikwah espalhados pela cidade de Jerusalém, confirmando as lavagens rituais praticadas pelos líderes religiosos judeus da época de Cristo (McDowell, 1995).

Os ágrafos, a toda evidência, constituem-se importantes documentos que ilustram os ensinamentos de Jesus em um ponto ou outro. Entretanto, deve-se observar que nem todos são originais, ou seja, nem todos são ágrafos genuínos. Mesmo porque existem muitas dúvidas a respeito da origem de muitos deles. É neste sentido que não se deve considerá-los como documentos possuidores de valor devocional – tal como o são os textos autorizados (canônicos) – mas, isso sim, possuidores de um certo valor evidencial, pois, conforme asseveram McDowell e Wilson (1995), refletem, desde cedo, o desejo em preservar as palavras de Jesus guardadas até então somente pela tradição oral judaica.

4.2 – Homologoumena e Antelegomena do Novo Testamento

A Igreja Cristã primitiva reconheceu logo de imediato vinte textos como legítimos – são chamados *homologoumena*, isto é, livros aceitos como canônicos pela totalidade da comunidade cristã –, porém sete deles exigiram um tempo bastante longo para serem aceitos. Segundo Geisler e Nix (1997), o fato desses sete livros não terem alcançado o devido reconhecimento universal logo de imediato não significa que não tivessem sido aceitos pela comunidade apostólica e pós-apostólica e que não devam, por terem sido alvo de questionamentos em determinadas épocas, serem considerados legítimos.

O simples fato desses livros terem sido aceitos de imediato, e sem objeções, por parte dos primeiros cristãos e pais apostólicos não se constitui selo de autenticação dos mesmos como livros provenientes de Deus, pois o selo de autenticidade dos livros sagrados é a *inspiração divina*. Portanto, é evidente que alguns livros, que efetivamente entraram para a coleção canônica do Novo Testamento, foram questionados no começo para, posteriormente (início do IV século), serem aceitos como textos inspirados pelo Espírito Santo. A esses textos costuma-se chamar *antilegomena*, ou seja, livros que foram postos em dúvida antes de entrarem para o rol dos canônicos. É o caso da epístola aos Hebreus, Tiago, II Pedro, II e III João, Judas e o livro de Apocalipse.

Segundo Tenney (1972) e outros estudiosos, é provável que alguns desses livros não tenham sido vistos pelos primeiros cristãos. Neste sentido, o problema básico da aceitação ou não desses livros no rol dos canônicos repousa na falta de comunicação entre o Oriente e o Ocidente a respeito da autoridade divina desses textos. Logo, é somente quando todos os fatos referentes a esses livros se tornaram conhecidos de todos os pais apostólicos é que a coleção canônica do Novo Testamento, com todos os seus vinte e sete livros, obteve o pleno reconhecimento.

É somente no fim do quarto século de nossa era que os antilegomenos entraram definitivamente para a coleção canônica. Isso porque é nessa época que se dá as discussões formais a respeito do cânon do Novo Testamento. O primeiro dos concílios onde o assunto foi devidamente tratado foi o de Laodicéia. Realizado em 363 d.C., na cidade de Laodicéia, região da Frígia, atual Turquia, o concílio apresentou uma lista contendo os livros que efetivamente comporiam o nosso Novo Testamento. A exceção do Apocalipse, todos os demais livros foram citados como parte integrante do Cânon da Nova Aliança.

O artigo 59 do documento conciliar, por exemplo, estabelecia que nos atos litúrgicos das igrejas cristãs somente poderiam ser utilizados os textos constantes na lista apresentada pelo concílio, ou seja, somente aqueles vinte e seis livros – não nos esqueçamos que o cânon do Antigo Testamento, com todos os seus trinta e nove livros, já estava estabelecido e era utilizado pelos cristãos – deveriam ser lidos e utilizados pelas comunidades cristãs.

Atanásio (300-373 d.C.), bispo de Alexandria, apresentou em 367 d.C., uma relação contendo todos os vinte e sete livros do Novo Testamento tal como o conhecemos hoje. Ele recomendava às igrejas sob sua jurisdição que somente esses livros fossem lidos e utilizados nos cultos. E assim ficou estabelecido a coleção canônica nas igrejas cristãs do Oriente. Os concílios posteriores, como os realizados em Cartago (em 397 d.C.), por exemplo, deram uma expressão uniforme àquilo que já era fato entre as comunidades cristãs orientais, ou seja, a aprovação de todos os livros que compõem o Novo Testamento. Neste sentido, seguindo os passos das igrejas pastoreadas por Atanásio no Oriente, esses concílios apresentaram uma lista idêntica àquela proposta pelo bispo alexandrino. Assim, no Ocidente e em outros lugares ficou estabelecido o Cânon do Novo Testamento, contendo todos os vinte e sete livros tais como os conhecemos.

A lentidão com que os antilegomenos foram recebidos no Cânon se constitui clara indicação do cuidado, zelo e dedicação com que a igreja cristã tratou o problema. Ademais, é pertinente mencionarmos que não foram os concílios que estabeleceram o Cânon como uma imposição, mas tão-somente tiveram a função de declarar a opinião geral das igrejas cristãs a respeito dos livros que o compõe. Portanto, os concílios consolidaram e oficializaram as opiniões previamente formuladas pelas diversas comunidades cristãs estabelecidas pelo mundo.

Neste momento de nossa exposição é pertinente mencionarmos que os livros que, embora conhecidos entre os cristãos e utilizados nas liturgias, foram vistos com reservas e de certa forma considerados dúbios demais para fazerem parte do Cânon, o foram pelas mais diferentes razões. Logo, quando questionaram as epístolas aos Hebreus, Tiago, II Pedro, II e III João, Judas e o livro do Apocalipse, foram vistos problemas particulares pertinentes a cada um desses textos. Vejamos separadamente, de forma resumida, cada uma das objeções apresentadas pelos primeiros cristãos em relação a cada uma dessas obras:

4.2.1 – Epístola aos Hebreus

De acordo Eusébio de Cesaréia (263-340 d.C.), Orígenes (185-254 d.C.) teria dito o seguinte a respeito das palavras registradas em Hebreus: *"Quem escreveu esta epístola, só Deus o sabe"*. Esse foi o fator desencadeador de suspeitas em relação a autenticidade da epístola aos Hebreus – o anonimato de seu autor. Com o passar do tempo, Pantaeno, um dos principais professores de Clemente de Alexandria (150-215 d.C.), chegou à conclusão que a epístola de Hebreus foi redigida pelo apóstolo Paulo, o qual não teria feito sua usual identificação por conta da modéstia paulina. Posteriormente, a opinião de Pantaeno a respeito da autoria paulina da epístola aos Hebreus ganhou espaço e todo o Ocidente, seguindo os passos dos cristãos orientais, passou a atribuir ao apóstolo Paulo a autoria da epístola em questão.

4.2.2 – Epístola de Tiago

A epístola de Tiago tornou-se problemática em virtude de sua aparente contradição com o ensinamento paulino da justificação pela fé (Tg.2.14; Rm.3.21-31). Essa epístola, diferentemente da de Hebreus, cujo conteúdo e autoridade divinos (Hb.1.1; 2.3-4; 13.22) eram evidentes, precisou de maior tempo para que sua inclusão no Cânon do Novo Testamento fosse efetuado.

Tiago esbarrou na dificuldade em se confirmar sua autoridade apostólica. Será que o autor, indicado na saudação da epístola (1.1), era verdadeiramente o apóstolo relacionado nos Evangelhos (Mt.10.1-4; Mc.3.13-19; Lc.6.12-16)? Essa questão, ou seja, se o autor da epístola era Tiago, o apóstolo mencionado na relação disposta nos evangelhos sinópticos ou se era Tiago, o meio-irmão de Jesus, foi solucionada pela igreja quando seus primeiros leitores atestaram tratar-se de Tiago, o meio-irmão de Jesus (GEISLER / NIX, 1997).

A bem da verdade, a simples leitura da epístola não é suficiente para se fazer a devida identificação, haja vista que nem mesmo o autor não se preocupa em faze-lo. Todavia, a autoridade apostólica da carta (elemento indispensável para sua inclusão no Cânon do Novo Testamento) é evidente, pois se Tiago, o meio-irmão de Jesus, não era apóstolo no sentido pleno do termo, era uma figura apostólica, um poder apostólico (CHAMPLIN / BENTES, 1991).

Em relação à suposta contradição entre o autor da epístola e a doutrina paulina da justificação pela fé, tem-se Orígenes (185-254 d.C.), Eusébio de Cesaréia (263-340 d.C.), Jerônimo (342-420 d.C.) e Santo Agostinho (354-430 d.C.) que, com austera dedicação, empenharam-se em evidenciar a harmonia da carta com a doutrina encampada pelo apóstolo Paulo, e, consequentemente, comprovar a autenticidade da epístola em questão, passando a igreja ocidental a reconhecer nas páginas dessa missiva os traços da inspiração divina e a sua inclusão no Cânon.

4.2.3 – A Segunda Epístola de Pedro

A segunda epístola de Pedro teve apontado como seu maior problema a pouca semelhança entre ela e a primeira epístola, tanto no vocabulário utilizado quanto no estilo literário. Esse aparente problema, e consequentemente inclusão da epístola na classe dos antilegomena, revela, ao invés de injustificável relutância em aceitar tal escrito como canônico, extremo zelo e cuidado por parte da Igreja Cristã. Afinal de contas, conforme mencionamos anteriormente, naqueles dias era comum atribuir falsamente a autoria de uma epístola ou livro a algum autor famoso. Portanto, o cuidado e a reserva que se tinha em relação aos textos que surgiam, tinha por objetivo ter a plena certeza de que tinha-se às mãos uma obra genuína, escrita por um autêntico discípulo de Cristo, dissipando-se toda e qualquer divergência que poderia existir entre os livros da coleção canônica.

A solução para a divergência entre essa segunda epístola de Pedro e a primeira, está no fato de que o apóstolo Pedro, para redigi-la, utilizou-se de um amanuense, isto é, um secretário (IPe.5.12), o que não ocorreu com sua segunda epístola. Neste sentido, é evidente que a diferença tanto de vocabulário quanto de estilo literário se fará presente, afinal de contas, tanto Silvano (o secretário) quando Pedro possuíam vocabulário e estilo literário diferentes. Ademais, a carta não apresenta nenhum traço de heresia e muito menos adendos biográficos imaginativos, peculiares às obras apócrifas. Nada há na epístola que o apóstolo Pedro não pudesse ter escrito (TENNEY, 1972).

4.2.4 – A Segunda e a Terceira Epístolas de João

A Igreja não teve dificuldades para aceitar primeira epístola de João porque diversos pais apostólicos já a utilizavam como uma obra das mãos do apóstolo João (Jo.13.23). Entre esses apostólicos destaca-se Papias (60-155 d.C.), bispo de Hierápolis e companheiro de Policarpo (69-159 d.C.), discípulo direto do apóstolo João e de Irineu (125-202 d.C.) bispo de Lyon, na França e amigo declarado de Policarpo. Mas o mesmo não ocorreu com a segunda e terceira epístolas que tiveram sua autoria questionadas em virtude, principalmente, da brevidade das cartas, as quais apresentavam juntas vinte e oito versículos, contra cento e cinco da primeira. Esse problema acabou sendo suplantado com a ob-servação das semelhanças de estilo e de mensagem existentes entre as obras.

4.2.5 – A Epístola de Judas

Aceita no Cânon do Novo Testamento não antes do IV século, a epístola de Judas repousou entre os antilegomenos em decorrência de duas referências aparentemente duvidosas. A primeira referência, citada no versículo 9 da epístola, causou dúvida por exibir uma informação constante no livro apócrifo *Assunção de Moisés*: *"Mas o arcanjo Miguel, quando contendia com o diabo, e disputava a respeito do corpo de Moisés, não ousou pronunciar juízo de maldição contra ele; mas disse: O Senhor te repreenda"*. A segunda, talvez transportada do texto apócrifo *"Segredos de Enoque"* (1.9), traz uma profecia acerca da Segunda Vinda de Cristo:

"E destes profetizou também Enoque, o sétimo depois de Adão, dizendo: Eis que é vindo o Senhor com milhares de seus santos; para fazer juízo contra todos e convencer dentre eles todos os ímpios, por todas as suas obras de impiedade, que impiamente cometeram, e por todas as duras palavras que ímpios pecadores disseram contra ele" (vv.14-15).

Essas alegações feitas por alguns pais da Igreja, como Orígenes e Jerônimo, foram combatidas por Irineu, Clemente de Alexandria e Tertuliano (155-222 d.C.), os quais fizeram ampla campanha em prol da confiabilidade da epístola até sua devida inclusão do Cânon do Novo Testamento. De acordo com Stamps (1995), a referência que Judas fez a Enoque, confirma apenas a veracidade específica da profecia de Enoque; não significando com isso, que o livro apócrifo atribuído a ele seja autêntico. Além disso, o próprio Paulo fez citações de textos extra-canônicos (At.17.28; Tt.1.12), que não significaram, de igual modo, reconhecimento do apóstolo a respeito da veracidade dos livros apócrifos.

4.2.6 – O Livro do Apocalipse

O problema envolvendo o livro do Apocalipse como um texto disputado merece um certo destaque. Isso porque de todos os textos antilegomena, esse permaneceu mais tempo no centro dos debates. A controvérsia em torno desta obra arrastou-se até fim do IV século. A curiosidade ficou por conta do fato de que o livro do Apocalipse, desde os tempos cristãos mais remotos, havia sido aceito por grande parte da Igreja Primitiva como dotado de plena autoridade, sendo comparado aos livros proféticos do Antigo Testamento. Eis o que diz Justino Mártir, quando vivia em Roma, em cerca de 135 d.C.:

> *"Além disso, houve entre nós um homem chamado João, um dos apóstolos de Cristo, que, numa revelação que lhe foi feita, profetizou que os que tiverem acreditado em nosso Cristo passarão mil anos em Jerusalém"* (Diálogo com Trifão 81.4a).

O movimento montanista – grupo herético originado a partir dos ensinamentos de Montano que, tentando resolver a questão do formalismo na igreja e a dependência dela da liderança humana, se colocou a si mesmo como *paracleto* (advogado) através de quem o Espírito Santo falava à igreja – encontrou nos diversos simbolismos do Apocalipse terreno fértil para florescer e se propagar. Assim sendo, no século III d.C., a aceitação do livro que vinha se consolidando desde o século anterior retrocedeu, e a inclusão do Apocalipse no Cânon acabou sendo prejudicada. Somente mais tarde, nos fins do século IV, após a ardorosa defesa de grandes nomes da história da igreja como Atanásio, Jerônimo e Santo Agostinho em prol da inserção do livro na coleção canônica do Novo Testamento, é que finalmente operou-se a canonização do Apocalipse.

Concluindo, vimos que durante a formação do Cânon do Novo Testamento, que a grosso modo se constitui lista oficial dos livros que deveriam ser aceitos pela igreja (os canônicos) e, em contra partida, indicação daqueles que deveriam ser recusados a todo custo (os apócrifos), alguns livros foram alvo de discussões e controvérsias durante longo período de tempo (os antilegomena), sendo aceitos no Cânon do Novo Testamento em fins do quarto século, quando finalmente comprovaram sua autenticidade. Seja como for, em todas essas questões que envolveram a "seleção" e devida inclusão dos textos no rol dos canônicos, temos a divina providência de Deus no zelo das Sagradas Escrituras.

Questão para Reflexão:

A igreja de Cristo, como noiva do Cordeiro de Deus, preserva-se santa, pura, imaculada. Logo, o repúdio aos textos nocivos dos chamados apócrifos do Novo Testamento se constitui defesa da fé e da integridade. Entretanto, mesmo com o repúdio aos textos não-canônicos, será que a igreja tem cumprido com sua tarefa de manter seus ensinos puros e imaculados?

CAPÍTULO 5

Livros Desaparecidos e Outros Apócrifos

A história da vitória de Israel, sob o comando do jovem general Josué, contra a coligação dos cinco reis amorreus (Js.10.5), é um dos textos mais marcantes registrado nas páginas do Antigo Testamento. Nesse texto, o escritor relata que durante vinte e quatro horas a Terra deixou de girar para que o exército israelita lograsse êxito no combate (Js.10.12). O que mais chama a atenção nessa história é a referência, no versículo 13, a outro livro: *"Não está isto escrito no livro dos Justos?"*. Essa referência é apenas uma das muitas existentes nos livros dos quais nada sabemos além do nome que lhes são atribuídos. Neste capítulo, discutiremos a respeito dos chamados Livros Desaparecidos e faremos algumas considerações sobre algumas obras que circularam entre as diversas comunidades cristãs do primeiro século em virtude do seu conteúdo ou de sua autoria.

5.1 – Livros Desaparecidos

Nas Escrituras Sagradas, são encontradas diversas referências a textos, denominados *Livros Desaparecidos*, cujo conteúdo é um mistério. No Antigo Testamento encontramos referência: ao livro das *Guerras do Senhor* (Nm.21.14), ao *Livro dos Justos* (Js.10.13; IISm.1.18), à *História de Davi* (ICr.27.24), à *História de Salomão* (IRs.11.41), às *Crônicas de*

Samuel, às *Crônicas de Natã*, às *Crônicas de Gade* (ICr.29.29), à *Profecia de Aías*, às *Visões de Ido* (IICr.9.29), e à *História de Semaías* (IICr.12.15). No Novo Testamento, temos: uma "Carta aos Coríntios" que, segundo o próprio apóstolo Paulo, seria anterior à redação de sua primeira epístola (ICo.5.9) e uma "Carta aos Laodicenses", mencionada, pelo mesmo apóstolo, em sua carta aos colossenses (Cl.4.16).

É possível que as descobertas dos manuscritos do mar Morto, em 1947, nas cavernas de Qunram, ajudem a responder as diversas indagações que envolvem esses livros. Afinal de contas, saber o conteúdo desses textos, o propósito que envolveu sua redação e quem efetivamente foram seus autores, são informações valiosas para o estudo, não somente dessa categoria de literatura, mas para a compreensão das Escrituras como um todo.

Seja como for, ainda que não tenhamos esses livros – por razões que só a Deus pertencem – e nada saibamos a respeito do seu conteúdo, uma coisa é certa: eles fizeram parte da *continuidade profética*, especialmente do Novo Testamento, quando os profetas fizeram uso de textos escritos épocas anteriores. É provável que essa mesma prática tenha se estendido aos livros ditos desaparecidos, o que não significa que o simples fato de não termos seu conteúdo explícito nas páginas sagradas indique que não foram utilizados pelos escritores sacros.

5.1.1 – As Guerras do Senhor

Segundo os estudiosos, é provável que o livro Guerras do Senhor tenha sido escrito pelo patriarca Moisés e que seu conteúdo, cheio de poemas épicos, dotado de grande valor político e histórico entre os judeus.

5.1.2 – O Livro dos Justos

O livro dos Justos, também denominado Livro dos Heróis, provavelmente redigido em forma poética para facilitar a leitura, foi uma obra na qual se registrou eventos históricos acerca dos feitos heróicos praticados por líderes hebreus. A justificativa para essa dedução está no fato de que o termo hebraico *Yashar*, significa *reto*, *herói*, podendo o livro ser chamado de *Livro dos Heróis*.

5.1.3 – A História de Davi

A História do rei Davi, registrada em algumas traduções como *Crô-*

nicas de Davi, possivelmente, foi uma obra redigida por ele mesmo. Acredita-se que , nesse texto, tenha registrado fatos históricos, em ordem cronológica, como o próprio nome alude, relativos à vida e ao reinado desse grande patriarca.

5.1.4 – A História de Salomão

A História de Salomão, segundo pesquisadores, tratava-se dos arquivos oficiais do rei Salomão. Presume-se que esses arquivos tenha servido de subsídios para a redação de importantes livros da Coleção Canônica, como por exemplo, o Livro dos Reis.

5.1.5 – As Crônicas de Samuel

As Crônicas de Samuel, escritas pelo sacerdote, profeta e último juiz de Israel, provavelmente, foi registrada com o nome de sue escritor devido aos acontecimentos históricos ocorridos durante o reinado do rei Davi e apresentados de forma cronológica.

5. 1.6 – As Crônicas de Natã

Natã, o profeta que viveu nos dias do governo de Davi e Salomão sobre Israel, é citado, nas Escrituras Sagradas, no relato sobre o conselho dado a Davi quanto à construção do templo em Jerusalém (IISm.7.2,3); e no relato da repreensão a Davi em face de seu duplo pecado: o adultério com Bete-Seba e o assassinato de Urias, esposo desta (IISm.12.1-15). Suas crônicas – narrativas históricas em ordem cronológica – possivelmente versaram sobre os eventos ocorridos no período em que desenvolvia seu ministério profético no reino de Davi e Salomão.

5.1.7 – As Crônicas de Gade

Gade, o profeta, membro da chamada *Escola de Profetas* dirigida por Samuel (ISm.19.20) colocou em suas crônicas informações a respeito do reinado de Davi e Salomão. Tais informações provavelmente foram utilizadas na composição de outros textos, inclusive do Livro das Crônicas (ICr.29.29).

5.1.8 – A Profecia de Ido

A Profecia de Ido, registrava, possivelmente, visões proféticas a cerca do monarca de Israel (IICr.9.29; 12.15; 13.33) e informações históricas, as quais contribuíram para a composição de outras obras do mesmo gênero.

5.1.9 – A História de Semaías

A *História de Semaías* se constitui de arquivos, genealogias reais e escritos proféticos de determinadas épocas. Segundo os estudiosos, é desse livro que grande parte das informações históricas que encontramos nas Escrituras Sagradas foi buscada; é como se esse livro fosse um depósito de onde os escritores sacros retiram informações e estatísticas; além de lições morais e espirituais utilizados na composição dos diversos livros da Bíblia.

5.1.10 – A Carta aos Coríntios

A expressão do apóstolo Paulo: *"Já em carta vos escrevi [...]"* (I Co.5.9), sugere que uma epístola anterior a essa escrita aos irmãos de Corinto havia sido enviada. Essa carta, por razões desconhecidas, desapareceu e nada se sabe a respeito de seu conteúdo. Por esse motivo, a Primeira Epístola de Paulo aos Coríntios é, na verdade, a segunda.

5.1.11 – A Carta aos Laodicenses

Aconselha o apóstolo Paulo aos crentes de Colossos: *"[...] uma vez lida esta epístola perante vós, providenciai por que seja também lida na igreja dos laodicenses; e a dos laodicenses lede-a igualmente perante vós"* (Cl.4.16). Entende-se, a partir dessa citação, que uma carta havia sido envida aos irmãos da cidade de Laodicéia e que ela deveria ser lida pelos colossenses, num intercâmbio epistolar. Essa circulação de epístolas entre as comunidades cristãs da época permitia não só a comunicação entre essas comunidades como também a preservação e a reunião dos escritos sagrados. Entretanto, a epístola em questão desapareceu e nada mais se sabe além do título e dos seus destinatários (Carta aos Laodicenses) e autoria (apóstolo Paulo).

É digno de nota o fato de que, na época da Reforma Protestante (século XVI), surgiu, na língua alemã e em algumas Bíblias de tradução inglesa, uma certa *"Carta de Paulo aos Laodicenses"*, mas com toda certeza trata-se de uma falsificação baseada na referência do apóstolo Paulo em Colossenses (4.16). Geisler e Nix (1997), apoiando-se no teólogo Lightfoot, consideram que a suposta *Carta aos Laodicenses* é na verdade um apanhado de frases e expressões paulinas que foram costuradas entre si sem nenhum critério e objetividade. A obra, entendem os referidos autores, não apresenta nenhuma peculiaridade doutrinária, sendo, portanto tão inócua quanto pode ser uma obra falsificada.

5.2 – Outros Apócrifos

A principal diferença entre a Bíblia católica e a protestante (evangélica), é, sem sobra de dúvida, os livros e adições acrescentados à coletânea do Antigo Testamento, ou seja, Sabedoria de Salomão, Eclesiástico, Tobias, Judite, I Esdras, I e II Macabeus, Baruque, Epístola de Jeremias, II Esdras, Oração de Azarias, Susana, Bel e o Dragão e a Oração de Manassés. Esses livros, somados a tantos outros que foram rejeitados pela Igreja protestante, formam a coleção apócrifa dos tempos do Antigo Testamento. O mesmo pode-se dizer da época do Novo Testamento, quando diversos livros e epístolas, falsamente atribuídos aos escritores sacros desse período, surgiram, pleiteando, entre as comunidades cristãs existentes, um "lugarzinho" no rol dos canônicos. Entre essas obras estão: a *Epístola O Pastor de Hermas*, *Epístola aos Coríntios*, *Epístola do Peseudo-Barnabé*, *Epístola dos Doze Apóstolos*, *Evangelho Segundo os Hebreus*, *Atos de Paulo e de Tecla*, *Epístola aos Laodicenses*, *Apocalipse de Pedro*, *Epístolas de Inácio* e a *Epístola de Policarpo aos Filipenses*.

Rejeitados pela grande maioria dos cristãos do primeiro século, fato que expurgou-lhes toda e qualquer possibilidade de serem adicionados ao conjunto de livros sagrados do Novo Testamento, esses livros e epístolas foram veementemente combatidos por grande parte da liderança cristã do século seguinte. Entretanto, deve-se ressalvar que, e aqui se justifica a inclusão do presente tópico, não obstante esses textos terem sido rejeitados e afastada toda e qualquer possibilidade de fazerem parte do Cânon do Novo Testamento, alguns deles tiveram relativa circulação entre algumas comunidades cristãs daquelas primeiras décadas, e, muito embora não tendo a força interna necessária (inspiração) para a sua legitimação canônica, tiveram o prestígio e a consideração por parte, também, de alguns Pais Apostólicos. Assim, se por um lado esses apócrifos não alcançaram o prestígio e o reconhecimento necessários para sua inclusão no Cânon do Novo Testamento, tiverem, por outro lado, o que Souter (1913) denominou *canonicidade temporal e local*.

Em fim, a pergunta que neste momento se faz é basicamente a respeito das razões que propiciaram o prestígio e a conseqüente circulação desses textos entre as comunidade cristãs primitivas. Entre as razões

elencadas pelos estudiosos do assunto destacam-se as seguintes:
- Trazem diversas informações históricas a respeito dos atos doutrinais e litúrgicos desenvolvidos pelas primeiras comunidades cristãs.
- Revelam em suas páginas os ensinos da igreja cristã do segundo século.
- Fornecem documentos que versam a respeito da aceitação dos vinte e sete livros que compõem o Novo Testamento

5.2.1 – A Epístola o Pastor de Hermas

A Epístola o Pastor de Hermas, de acordo com estudiosos, escrita aproximadamente 140 d.C., é a mais volumosa e popular obra dessa classe de literatura. Redigida por Hermas, um cristão romano, esse texto traz visões, preceitos e parábolas que versam sobre a questão do pecado e do arrependimento após o batismo nas águas. Segundo Hermas, havia uma confusão entre os cristãos primitivos a respeito do perdão àqueles crentes que, após terem sido batizados nas águas, cometiam pecados. Para alguns, não havia possibilidade de perdão, porém Hermas explicava que o perdão era possível, pelo menos até certa época, quando a graça de Deus se desgastava e o perdão, então, tornava-se impossível.

5.2.2 – A Epístola aos Coríntios

A Epístola aos Coríntios, escrita no final do século I d.C, é, segundo alguns líderes cristãos do segundo século, obra das mãos de Clemente de Roma. Alguns estudiosos, inclusive renomados líderes pós-apostólicos como Orígenes, Irineu e Tertuliano, identificaram-no como sendo o mesmo *Clemente* mencionado pelo apóstolo Paulo em sua epístola aos Filipenses (4.3). Esse texto, recheado de idéias fantasiosas e fundamentadas em declarações tiradas das páginas do Antigo Testamento, foi apontado por Eusébio de Cesaréia (263-340 d.C.), o grande historiador eclesiástico, como uma obra apócrifa.

5.2.3 – A Epístola do Pseudo-Barnabé

A *Epístola do Pseudo-Barnabé*, escrita provavelmente em 130 d.C. e amplamente distribuída entre os dois primeiros séculos da Era Cristã, é mais uma das muitas obras que, em virtude de seu conteúdo místico e fantasioso, não alcançou o nível necessário para sua efetiva inclusão no Cânon Sagrado. Mas que, em virtude do carisma que logrou entre algumas comunidades cristãs, permaneceu circulando e fazendo parte (por incrível que possa parecer) da liturgia de algumas igrejas. Seu autor, Barnabé (não confundir com o *Barnabé* apresentado no livro de Atos), possivelmente um crente alexandrino, emprega figuras de linguagem ao escrever sua obra, tornando a epístola semelhante à Carta aos Hebreus.

5.2.4 – A Epístola dos Doze Apóstolos

A *Epístola dos Doze Apóstolos*, também conhecida como *Didaquê* (*ensinamento*), escrita em algum momento entre 100 e 120 d.C., apresenta um conjunto de informações que, na prática, converteu-se em manual de instrução quanto a questões relacionadas à vida eclesiástica, moral e crenças dos primeiros cristãos. Enquanto obra apócrifa, conforme afirmativa de grandes nomes da história eclesiástica, como Eusébio de Cesaréia, gozou de relativo prestígio no seio da Igreja Cristã Primitiva por trazer em suas páginas referências aos evangelhos, às epístolas paulinas e ao Apocalipse. Apesar do prestígio e da utilidade entre os cristãos dos primeiros tempos, essa epístola jamais foi aceita como parte da Coleção Canônica.

5.2.5 – O Evangelho Segundo os Hebreus

O *Evangelho Segundo os Hebreus*, escrito nos fins do primeiro século da era cristã, é conhecido por diferentes títulos e citado por vários Pais da Igreja, entre eles, Clemente de Alexandria, Orígenes e Eusébio de Cesaréia, aparecendo como uma obra fragmentária, isso porque seu conteúdo é oriundo das citações encontradas nos escritos de diversos pais da Igreja Cristã Primitiva. Em relação à natureza apócrifa desse livro não existem dúvidas, bastando uma leitura superficial de seu conteúdo para que se compreenda os motivos de sua rejeição como livro autorizado, não obstante ter logrado ampla aceitação em algumas comunidades cristã.

5.2.6 – Os Atos de Paulo e Tecla

O livro *Atos de Paulo e Tecla*, altamente fantasiosa, provavelmente redigida no segundo século da era cristã por um certo presbítero da Ásia, pode ser dividida em três seções distintas: Atos de Paulo e Tecla, propriamente ditos; correspondência de Paulo com a Igreja de Corinto, uma espécie de Terceira Epístola aos Coríntios; e o relato acerca do martírio de Paulo. Esse texto, como outros semelhantes, também não foi considerado um texto canônico, muito embora tendo circulado entre algumas comunidades cristãs.

5.2.7 – A Epístola aos Laodicenses

A *Epístola aos Laodicenses* redigida por um autor desconhecido, é associada à epístola de Paulo aos Colossenses (4.16). Segundo a moderna pesquisa, é na verdade uma compilação desordenada de outras epístolas (canônicas) do apóstolo, entre elas Gálatas e Filipenses. Chamada de *carta forjada*, a presente obra apócrifa foi repudiada pelo segundo concílio da igreja, em 787 d.C. (Concílio de Nicéia), jamais alcançando o nível de Escritura Sagrada.

5.2.8 – O Apocalipse de Pedro

O *Apocalipse de Pedro*, datado do século II d.C., é um dos mais antigos apócrifos de cunho apocalíptico do período neotestamentário (Novo Testamento). Sua circulação entre as comunidades cristãs do primeiro século foi intensa. Até mesmo o poeta medieval Dante Alighieri (1265-1321) fez uso de uma pequena porção dessa obra na composição da *Divina Comédia* – épico alegórico que narra a viagem de Virgílio pelo inferno, pelo purgatório e pelo céu. Isso denota a grande influência que obras apócrifas como essa exerciam sobre as pessoas naquele período. Essa obra, embora tenha tido intensa circulação na sociedade da época, nunca foi reconhecida como divinamente inspirada (canônica).

5.2.9 – As Epístolas de Inácio

As *Epístolas de Inácio*, escrita por Inácio de Antioquia em algum momento entre 98 e 117 d.C., trazem em suas páginas os mesmos ensinos espraiados no Novo Testamento e, de forma pontual, a teologia paulina. Segundo o historiador cristão, Eusébio de Cesaréia, Inácio teria redigido essas epístolas quando era conduzido, sob escolta militar, de Antioquia da Síria à capital do império, Roma, onde seria martirizado sob o comando ímpio do imperador, Trajano (53-117 d.C.). Nessas epístolas, sete ao todo, Inácio abordou questões doutrinárias, de suma importância para a Igreja, como: a encarnação, a divindade, a obra expiatória, a paixão e a ressurreição do Cristo; a união mística de todos os crentes com Cristo; a veracidade das profecias referentes a Cristo no Antigo Testamento. É importante salientar que, embora os assuntos abordados por Inácio sejam doutrinariamente corretos e a autoria verídica, o livro não é apostólico e, por isso, não pode ser considerado canônico.

5.2.10 – A Epístola de Policarpo aos Filipenses

Policarpo, discípulo do apóstolo João e bispo da igreja de Esmirna, viveu entre 69 e 159 d.C. Segundo os estudiosos, Policarpo não era um literato profícuo e muito menos teólogo, haja vista que não se distinguia por uma educação esmerada. Entretanto, sua *Epístola aos Filipenses*, escrita em cerca de 110 d.C., alcançou grande destaque a Igreja Cristã. A presente carta é muito semelhante às epístolas do Novo Testamento, especialmente aquelas redigidas pelo apóstolo Paulo. É provável que esta similaridade, associada à credibilidade e respeito que Policarpo tinha no seio eclesiástico, tenha contribuído para a permanência dessa epístola no círculo das leituras devocionais. Respeitadas as valiosas informações, tanto doutrinárias quanto históricas, que a *Epístola de Policarpo aos Filipneses* apresenta, a Igreja Cristã Primitiva reputou-a a não-canônica.

Questão para Reflexão:

Os livros chamados *Desaparecidos*, dos quais nada sabemos além dos seus próprios nomes, encerram em si um dos grandes mistérios da literatura bíblica – o desaparecimento desses livros. A ausência do conteúdo desses livros compromete a inspiração bíblica? Por quê?

UNIDADE IV

OS MANUSCRITOS, AS TRADUÇÕES E AS ATUAIS QUESTÕES BÍBLICAS

Nesta unidade, estudaremos de forma sistemática e concisa algumas questões que envolvem os manuscritos das Escrituras Sagradas, as traduções e outras questões bíblicas de grande relevância para o cristão. No primeiro capítulo, estudaremos os manuscritos do Antigo Testamento quanto ao material, o estilo literário empregado na confecção, e o período em que foram produzidos. No segundo, verificaremos os manuscritos do Novo Testamento no que diz respeito ao trabalho dos escribas e aos principais manuscritos desse período. No terceiro, estudaremos a questão das traduções. No quarto, discutiremos a cerca da Crítica Bíblica, o contexto histórico em que os manuscritos foram produzidos e os diversos problemas de ordem lingüística, cultural e filosófica que circundam o entendimento dos textos. Por fim, no quinto capítulo, apresentaremos um resumo introdutório de todos os livros da Bíblia e dados auxiliares referente a esses textos.

CAPÍTULO 1

Os Manuscritos do Antigo Testamento

Conforme comentamos em capítulos anteriores, os trinta e nove livros que compõem o Antigo Testamento são os registros fiéis das revelações dadas por Deus aos homens. Logo, plenamente inspirados e isentos de todo e qualquer tipo de erro. Neste capítulo, discutiremos a respeito das questões que envolvem as cópias dos textos autógrafos da Antiga Aliança. Essas cópias, especialmente as mais antigas se constituem ponto fundamental na validade de nossas diversas traduções. Sendo assim, torna-se indispensável alguns comentários sobre a história, características e outras informações a respeito dos manuscritos do Antigo Testamento.

1.1 – Os Manuscritos Propriamente Ditos

Os manuscritos, conforme tivemos a oportunidade de ver, foram produzidos em diferentes tipos de materiais, porém todos de fácil deterioração, principalmente, devido ao armazenamento. Para solucionar o problema de extinção desses textos, foram feitas cópias num quase religioso processo de reprodução manual. Foi a partir dessas cópias que a reconstrução dos manuscritos originais pode acontecer. Assim, quando falamos que uma versão da Bíblia, por exemplo, a de *João Ferreira de Almeida*, é de acordo com os melhores originais, o que estamos dizendo é que os textos (hebraicos e gregos) utilizados para fazer a devida tradução para o português são de uma das cópias mais antigas e de maior confiabilidade que se possui.

A multiplicação dos manuscritos das Sagradas Escrituras tomou forma a partir do retorno dos judeus do cativeiro babilônico, algo em torno do VI século antes de Cristo. Esdras, segundo a tradição rabínica, atuou na difícil tarefa de juntar e recopiar os manuscritos dos textos sagrados, mudando, segundo Hoff (1996), sua escritura feita em alfabeto hebraico antigo para o idioma aramaico, língua falada pelo povo hebreu naquele momento de sua história. Foi nesse período também, que surgiram as Sinagogas onde, obrigatoriamente, eram lidas as Sagradas Escrituras como parte de sua liturgia (At.15.21). Assim, nada mais óbvio, para cada Sinagoga que surgia, que cópias das Sagradas Escrituras fossem feitas.

Em épocas posteriores, os discípulos de Jesus, copistas conscienciosos, empreenderam grande esforço no sentido de reproduzir os evangelhos e as epístolas para que fossem lidas pelas diversas comunidades cristãs que se multiplicavam. Assim, quanto mais comunidades cristãs surgiam, mais cópias das Escrituras eram feitas, pois a leitura dos evangelhos e das epístolas era fundamental para a manutenção do intercâmbio entre os cristãos. Pelo menos era essa a intenção do apóstolo Paulo ao recomendar que sua epístola aos Tessalonicenses fosse enviada aos irmãos de Laodicéia: *"E, uma vez lida esta epístola perante vós, providenciai para que seja também lida na igreja dos laodicenses; e a dos de Laodicéia lede-a igualmente perante vós"* (4.16).

O maior número de cópias mais antigas de que a humanidade tem conhecimento é do Novo Testamento que, em virtude de seu momento histórico, conta com o maior número de manuscritos. Para termos uma idéia, antes da descoberta dos manuscritos de Qumran (1947), a cópia mais antiga de um texto do Antigo Testamento foi datada de 900 d.C., ou seja, se considerarmos que o Antigo Testamento hebraico foi completado por volta de 400 a.C. e o manuscrito (a cópia) de um de seus textos foi feito em 900 d.C., teremos um intervalo de mil e trezentos anos entre o original e sua cópia manuscrita.

É nas cavernas de Qumran que apareceram os manuscritos mais antigos – os manuscritos, quando de sua descoberta em 1947 pelo jovem pastor de ovelhas, Muhammad Ahmed el-Hamed, estavam espalhados pelo conjunto de onze cavernas na região de Qumran (daí a justificativa para o termo *Manuscritos de Qumran* ou *Manuscritos do Mar Morto* já que a região de Qumran localiza-se à margem noroeste do Mar Morto). Cerca de cem, dos trezentos e oitenta e dois manuscritos encontrados na Caverna quatro, são do Antigo Testamento, entre eles quatorze manuscritos de Deuteronômio e oito cópias incompletas do Livro dos Doze Profetas (Oséias, Joel, Amós, Obadias, Jonas, Miquéias, Naum, Habacuque, Sofonias, Ageu, Zacarias e Malaquias). Na Caverna estavam diversos fragmentos e alguns manuscritos relativamente completos, como Levítico, Salmos e Ezequiel. Na Caverna um, foram encontrados sete, entre eles o manuscrito de Isaías que, datado do ano 100 a.C., tornou-se a cópia mais antiga, ou seja, mil anos anterior à cópia mais antiga de Isaías conhecida até então, entre outros.

O conteúdo das demais cavernas encontradas na região de Qumran ainda não foi divulgado em sua totalidade, talvez pela dificuldade em identificar os diversos fragmentos, alguns medindo poucos centímetros e em péssimo estado de conservação.

1.2 – A Idade dos Manuscritos do Antigo Testamento

A descoberta dos manuscritos de Qumran trouxe à tona textos com idade mais remota do que aqueles anteriormente conhecidos. Essa antiguidade dos manuscritos, que se constitui em elemento indispensável na convicção a respeito da originalidade de determinada cópia é avaliada a partir de alguns critérios: análise da espécie de material empregado na redação; estilo da escrita utilizada na redação e forma de pontuação e apresentação do texto.

1.2.1 – Material Empregado na Redação de um Manuscrito

Quando o assunto é a idade mais remota de um material empregado na escrita de um texto do Antigo Testamento, o consenso recai sobre as peles de animais, que estão entre os materiais mais antigos utilizados na escrita. O texto de Isaías, descoberto nas cavernas de Qumran, por exemplo, foi redigido em tiras de couro que, costuradas umas às outras, atinge 7,34 m de comprimento por aproximadamente 0,26 m de largura, e é considerado pelos especialistas o manuscrito mais antigo até agora encontrado.

1.2.2 – Estilo da Escrita Utilizada na Redação de um Manuscrito

Os manuscritos do Antigo Testamento, de acordo com estudiosos, apresentam estilo de escrita de acordo com o período em que foram escritos. Num primeiro momento foi utilizado o Estilo Uncial, e, posteriormente, o Cursivo.

• **Estilo Uncial** – Muito utilizado pelos antigos até o século IX d.C., o estilo uncial (letra em caixa alta) refere-se a textos redigidos com letras maiúsculas, sem nenhum espaço entre as palavras, sem pontuação e acentos gráficos. Esse tipo de escrita exigia um longo tempo para a produção de textos, pois as letras eram desenhadas. Segundo os pesquisadores, existem mais de duzentos e cinqüenta manuscritos dessa natureza, porém um dos mais conhecidos é o Códex Sina.

• **Estilo Cursivo** – O estilo cursivo, que surgiu basicamente em virtude da lentidão da escrita uncial, empregava letras menores, isto é, minúsculas, ligadas umas às outras e com espaços entre as palavras e as frases. Essa forma de escrita permaneceu ativa do século X ao XV d.C., quando ocorreu a invenção da imprensa.

1.2.3 – Forma de Pontuação e Apresentação de um Manuscrito

O texto hebraico, escrito somente com a utilização de consoantes (vinte e duas ao todo) e sem sinais gráficos ou pontuação, fazia com que muitos, que não tinham prática, tivessem dificuldades de leitura. Essa dificuldade, que era um obstáculo para aqueles que desejavam ter conhecimento das Escrituras, levou *massoretas*, escribas piedosos que tinham a incumbência de preservar inalterados os textos da Bíblia Hebraica, inventaram um sistema de pontos vocálicos, ou seja, sinais que passaram a representar as vogais hebraicas. Além disso, inventaram também os parágrafos, as divisões de palavras, a acentuação gráfica, a vírgula, o ponto-e-vírgula, o ponto-final e o ponto-de-interrogação, isso tudo entre os séculos VI e X d.C.

Os massoretas eram tão cuidadosos em seu trabalho de preservação e transmissão dos manuscritos hebraicos que chegavam a contar o número de vezes que cada letra do alfabeto aparecia em cada livro; assinalavam a letra que, coincidentemente, ficava no centro do Pentateuco e, além disso, assinalavam aquela que ficava exatamente no meio da Bíblia Hebraica.

No caso dos hebreus, quando da composição de algum texto, escrevia-se a frase (ou frases) utilizando-se somente as consoantes e, mentalmente, adicionavam-se os sons das vogais. Logo, quando a leitura da frase era feita, lia-se a sentença – que contava somente com as consoantes – adicionando a essas as devidas vogais. Entretanto, para os outros que desejavam conhecer os textos do Antigo Testamento, a dificuldade era sem tamanho.

Foi justamente pensando nessa dificuldade que os massoretas, escribas piedosos que tinha a incumbência de preservar inalterados os textos da Bíblia Hebraica, inventaram um sistema de pontos vocálicos, ou seja, sinais que passaram a representar as vogais hebraicas. Eis a declaração de Kenyon (1967).

"[...] Eles (os massoretas) calcularam a palavra e a letra que ficava no meio de cada livro. Fizeram uma lista dos versícu-los que continham todas as letras do alfabeto, ou um certo número delas; e assim por diante. No entanto, essas trivialidades, como bem poderíamos considerá-las, tiveram o efeito de garantir uma atenção minuciosa à transmissão fiel do texto; e elas não passam de uma manifestação exagerada de respeito para com as Escrituras Sagradas, manifestação que merece apenas um elogio. Na verdade, os massoretas tinham uma profunda preocupação de que não se omitisse nem se perdesse um só i ou til, nem uma só das menores letras ou uma pequena parte de uma letra, da Lei".

O Antigo Testamento recebeu as primeiras divisões em seu texto antes mesmo do cativeiro babilônico, é o caso do Salmo 119 que recebeu as letras do alfabeto hebraico (*Álefe, Bet, Guímel, Dálet*, etc.) como limite demarcatório de porções, fazendo a separação do salmo em grupo de oito versículos. Entretanto, é somente durante o exílio que todo o livro do Antigo Testamento é dividido em seções, cinqüenta e quatro ao todo, chamadas *parashiyyoth*.

As divisões em capítulos e versículos se realizaram em épocas diferentes. Os capítulos foram adicionados ao Antigo Testamento durante o período da Reforma Protestante, ou seja, por volta de 1517. As divisões em versículos, por sua vez, vieram cinqüenta e quatro anos depois, por ocasião da publicação do primeiro volume do Antigo Testamento feita por Ário Montano.

1.3 – Períodos de Produção dos Manuscritos do Antigo Testamento

Os manuscritos do Antigo Testamento foram produzidos durante dois grandes períodos: o Talmudista e o Massorético. Vejamos separadamente cada um desses períodos:

1.3.1 – Período Talmudista

O Talmude, termo de origem hebraica que significa literalmente *aprender, estudar*, é uma coletânea de preceitos rabínicos, decisões legais e comentários a respeito da legislação mosaica. O termo foi aplicado ao período que vai do ano 300 ao 500 a.C., uma vez que nesse espaço de tempo foram produzidos manuscritos que foram utilizados em todas as sinagogas existentes. Cuidadosamente produzidos pelos talmudistas, como eram chamados os escribas desse período, os manuscritos eram copiados seguindo um sistema bem intricado de transcrição, a começar pelos paramentos, ou seja, pelas vestes com as quais os rabinos deveriam estar vestidos. Pois, antes de iniciar a redação, o copista deveria lavar todo o corpo e estar devidamente trajado, a rigor.

Entre os procedimentos adotados por esses rabinos durante sua tarefa de produção e preservação dos manuscritos, destacam-se, em primeiro lugar, que os textos deviam ser escritos em peles de animais puros, seguindo a relação de animais considerados puros pela religião judaica. Além disso, e em segundo lugar, essas peles deviam ser presas por meio de barbantes igualmente feitos de peles de animais puros. Em terceiro lugar, os manuscritos, religiosamente produzidos por um rabino judeu, deviam ser utilizados exclusivamente nas sinagogas. Em quarto lugar, o manuscrito (pergaminho), devia conter um determinado número de colunas em toda a sua extensão, sendo que cada coluna (da exata largura de trinta letras) não podia ter menos que quarenta e oito e nem mais que sessenta linhas. Em quinto lugar, o escriba devia, antes de começar a escrever, traçar todas as linhas necessárias na cópia, pois, se por alguma razão, qualquer palavra ou letra ficasse fora da extensão delineada, tal cópia era descartada. Em sexto lugar, escrito religiosamente com tinta preta (segundo fórmula específica), a cópia só era feita a partir de um manuscrito autêntico, ou seja, uma cópia sob a qual não pairassem dúvidas. Ademais, era rigorosamente proibido fazer uma única letra de memória, isto é, o escriba só devia copiar aquilo que estivesse diante de seus olhos. Em sétimo lugar, os espaços deveriam ser rigorosamente obedecidos, ou seja, três linhas deviam ser deixadas entre um livro e outro, entre as consoantes à distância de um fio de cabelo, e, entre os capítulos, a distância equivalente a nove consoantes.

1.3.2 – Período Massorético

Este período, que vai de 500 a 950 d.C., recebe este nome em razão do trabalho dos massoretas, escribas piedosos que deram ao texto do Antigo Testamento sua forma final. Neste período ocorre uma ampla mudança nos critérios utilizados na redação dos manuscritos, facilitando, se comparado com o Período Talmudista, a transmissão das Escrituras Sagradas.

Seja como for, ainda que com seu complicado sistema de salvaguarda contra erros de cópias, o *Período Massorético* contribuiu para o fornecimento dos mais fiéis manuscritos de que temos conhecimento. Especialmente porque contavam todos os versículos, palavras e letras de todo o Antigo Testamento, acrescentando estas cifras no final de cada livro. A lógica desse método é muito simples: Se, após o término do trabalho de transcrição (cópia) do texto, as cifras dos versículos, das palavras ou das letras não coincidirem com as do texto transcrito, a cópia contem algum erro de transcrição. Mesmo assim, acentua W. F. Albright, uma das maiores autoridades em Antigo Testamento e autor de mais de oitocentos livros e artigos sobre o assunto, podemos ter plena certeza que o texto do Antigo Testamento tem sido preservado com uma exatidão talvez sem paralelos entre quaisquer outras literaturas do Oriente Próximo.

Quanto a contribuição desses escribas dedicados e zelosos pelas Escrituras, Bentes e Champlin afirmam que:

> *"Os massoretas eram os escribas e mestres cujo piedoso intuito era o de preservar inalterado o texto da Bíblia hebraica. Eles criaram o texto com os pontos vocálicos, visto que originalmente, o hebráico era escrito apenas com as letras consoantes. Eles também anotaram o texto sagrado, nas margens dos rolos e nos fins das seções escritas[...] começaram a trabalhar em cerca de 500 d.C., e continuaram atuando até a invenção da imprensa[...]"* (Bentes/Champlin, 1991).

Questão para Reflexão:

A redação e a preservação dos textos do Antigo Testamento ao longo dos tempos, bem como sua reprodução entre as diversas comunidades judaicas em épocas e circunstâncias distintas podem ser consideradas como a legítima Palavra de Deus? Por quê?

Capítulo 2

Os Manuscritos do Novo Testamento

Neste capítulo, estudaremos, de forma concisa e objetiva os manuscritos do Novo Testamento, obra das mãos de dedicados escribas que, imbuídos da grandiosa tarefa de preservar o conteúdo dos sagrados ensinos, empenharam-se na transcrição dos textos sagrados; veremos também, como podemos ter certeza de que esses textos são confiáveis; apresentando, ao final do presente capítulo, uma breve relação dos principais manuscritos existentes.

2.1 – Os Manuscritos e o Trabalho dos Escribas

À semelhança do Antigo, os manuscritos do Novo Testamento também foi elaborado mediante o trabalho incessante dos escribas. A diferença, entretanto, repousa em dois fatores distintos: O número de cópias e o seu estado de conservação. O número de cópias manuscritas do Novo Testamento ultrapassa o volume de cópias do Antigo. Segundo estatística apresentada por McDowell (1992), existem cerca de cinco mil e trezentos manuscritos gregos do Novo Testamento. Somando-se a eles as de dez mil cópias da Vulgata latina e as mais de nove mil e trezentas traduções antigas, teremos aproximadamente vinte e cinco mil manuscritos do Novo Testamento. Isso torna o número desses manuscritos superior a qualquer outra obra literária antiga, mesmo quando comparado à *Ilíada*, de Homero (século IX a.C.), cuja popularidade garantiram nada mais que seiscentos e quarenta e três cópias manuscritas.

A agilidade dos escribas no trabalho de transcrição dos manuscritos do Novo Testamento deveu-se ao intenso intercâmbio que existia entre as comunidades cristãs do primeiro século. Segundo Kenyon, referência feita por McDowell (1992), o espaço de tempo entre a composição do autógrafo e a elaboração de uma cópia manuscrita desse chega a ser insignificante.

O próprio método utilizado pelos escribas para assegurar a preservação primordial dos nomes dos autores do Novo Testamento demonstra a rapidez com que os textos foram copiados. Os rolos tinham uma espécie de "etiqueta" feita do mesmo material com que eram confeccionados os rolos, ou seja, tiras de couro ou papiro. Essas etiquetas eram afixadas na haste do rolo ou no verso desse, de modo que ficassem bem à vista para que o leitor identificasse mais facilmente o título e o autor da obra. Esse tipo de identificação também indicava número de cópias manuscritas que circulavam durante os primeiros séculos da era cristã. Isso porque, o título e o nome do autor indicados nas etiquetas serviam para distinguir as cópias de uma determinada obra. Portanto, dez manuscritos com a mesma etiqueta indicavam, à toda evidência, que haviam dez cópias de uma mesma obra.

Também, ao contrário do que se poderia pensar, as cópias do Novo Testamento estão em estado de conservação mais precário do que as cópias manuscritas do Antigo Testamento (GEISLER / NIX, 1997). Isso decorre, com ampla certeza, do tipo de material utilizado pelos escribas durante o processo de transcrição (*fatores intrínsecos*), e, obviamente, da forma como eram armazenados, além de todas as circunstâncias que contribuíram, direta ou indiretamente, para a danificação e/ou destruição de muitos desses manuscritos (*fatores extrínsecos*).

É nesta combinação de fatores que repousa a precariedade desses manuscritos, não obstante serem em maior número quando comparados aos do Antigo Testamento. Afinal de contas, o papiro, material de escrita utilizado em larga escala na época, era relativamente mais barato se comparado com o material utilizado na fabricação de pergaminho (couro), de maior durabilidade. Seja como for, a fragilidade, característica peculiar desse tipo de material, e a forma de armazenamento (grandes e numerosos vasos de barro, sujeitos à ação do tempo) são os grandes responsáveis pelo péssimo estado de conservação desses manuscritos.

2.2 – A Confiabilidade dos Manuscritos

Estabelecer o pleno grau de confiabilidade que os manuscritos do Novo Testamento possuem é de fundamental importância no estudo das Sagradas Escrituras. Geisler e Nix (1997) afirmam que essa confiabilidade pode ser aferida por meio da grande quantidade de cópias existentes; dos manuscritos gregos; das antigas versões e das citações feitas pelos Pais da Igreja.

A respeito da quantidade de manuscritos do Novo Testamento – aproximadamente vinte e cinco mil cópias – reafirmamos que, em virtude do curto intervalo de tempo entre o nascimento dos autógrafos e a confecção das cópias para atender a necessidade das inúmeras comunidades cristãs que rapidamente se formaram, não existe razão para qualquer dúvida a respeito da fidelidade desses manuscritos. Soma-se a isso, o extremo cuidado devotado à transcrição desses manuscritos por parte dos escribas. O próprio Talmude estabelecia rígidas regras que deveriam ser seguidas pelos copistas durante seu trabalho de redação. Portanto, depois de ser religiosamente transcrito e cuidadosamente conferido, o manuscrito recebia o "selo de autenticidade" como tendo o mesmo valor que qualquer outra cópia existente, mesmo as mais antigas.

Os rabinos seguiam as especificações do Talmude à risca, pois a partir do momento que uma cópia manuscrita tornava-se ilegível, esse material era rapidamente tirado de circulação. No caso dos manuscritos em hebraico (Antigo Testamento), as cópias defeituosas eram depositadas em um armário de madeira posto na Sinagoga, especialmente confeccionado para essa função. Segundo alguns estudiosos do assunto, os materiais depositados nesse armário eram, de tempos em tempos, removidos e enterrados em um cemitério. Em alguns casos, eram sepultados juntamente com pessoas piedosas.

O grau de confiabilidade dos manuscritos do Novo Testamento pode ser também aferido mediante os diversos manuscritos gregos existentes na época. Neste caso específico, o número chega a quase seis mil manuscritos. Para efeito exemplificativo, Metzger (1963), antigo professor de Língua e Literatura do Novo Testamento no Seminário Teológico de Princeton, coloca lado a lado o Novo Testamento (os manuscritos gregos) e a já mencionada *Ilíada*, uma das mais famosas obras gregas de todos os tempos, escrita por Homero: *"dentre todas as composições literárias escritas pelo povo grego, os poemas homéricos são os mais adequados para uma comparação com a Bíblia"* (METZGER, 1963). A bem da verdade, de todo o conjunto de obras gregas existentes, a *Ilíada* é a obra que mais se aproxima do Novo Testamento. Pois, segundo ele:

• Assim como na antigüidade os homens memorizavam as obras homéricas, da mesma forma iriam memorizar as Sagradas Escrituras;

• Tanto as Escrituras quanto as obras homéricas foram citadas como referência em questões a respeito do céu, da terra e do Hades;

• Homero e as Escrituras foram utilizados como cartilha para diferentes gerações que em suas páginas foram alfabetizadas;

• Os textos homéricos e os Escritos Sagrados receberam, ao longo dos tempos, um grande volume de comentários e notas marginais, além de volumoso glossário;

• Homero e as Escrituras foram plagiados em diferentes épocas de sua história;

• Os poemas homéricos e as histórias bíblicas foram meticulosamente analisados, recebendo, cada um a seu tempo, ilustrações de todos os tipos;

• As descrições bíblicas e homéricas aparecem retratadas em murais e sítios arqueológicos.

Em suma, o grau de confiabilidade dos manuscritos gregos do Novo Testamento é indiscutível. Warfield (1907), emérito professor de Língua e Literatura do Novo Testamento no *Seminário Teológico do Oeste*, em Pittsburgh, afirma que o cuidado com que foi copiado os manuscritos do Novo Testamento é, sem dúvida nenhuma, produto de uma profunda e verdadeira reverência pelas Sagradas Letras, e, como não poderia deixar de ser, clara indicação da santa providência de Deus em preservar para sua Igreja, em todas as épocas da história humana, um texto suficientemente exato (Warfield 1907). Como exemplificação, podemos citar o seguinte quadro estatístico dos manuscritos gregos do Novo Testamento:

Manuscritos Gregos Unciais (maiúsculo)	267
Manuscritos Gregos Cursivos (minúsculo)	2.764
Manuscritos Gregos Lecionários (textos selecionados para leitura)	2.143
Manuscritos Gregos em Papiro	88
Manuscritos Gregos Descobertos Recentemente	47
TOTAL GERAL	**5.309**

As primeiras versões das Escrituras, feitas em meados do segundo século d.C., nasceram como resultado do trabalho de uma igreja integralmente missionária, a qual tinha por objetivo a propagação da fé cristã aos povos de língua siríaca, latina e copta. A igreja cristã primitiva tinha pressa em espalhar a transformadora mensagem de Cristo. Neste sentido, essas versões (ou traduções) foram produzidas – segundo conjeturam os estudiosos – bem próximas da composição dos autógrafos. Algumas versões podem ser dispostas da seguinte forma:

VERSÃO	DATA
Velha Latina Africana	Século V d.C.
Velha Latina	Século IV d.C.
Códice Corbiense	Século VI d.C.
Vulgata Latina	Século IV d.C.
Códice Palatino	Século V d.C.
Velha Siríaca	Século IV d.C.
Versão Peshita	Século III d.C.
Versão Siríaca Palestinense	Século V d.C.
Versão Siríaca Filoxênia	Século VI d.C.
Versão Siríaca Harcleiana	Século VII d.C.
Versão Siríaca Teodoro de Mopsuéstia	Século V d.C.
Versão Armênia	Século V d.C.
Versão Gótica	Século IV d.C.
Versão Geórgica	Século V d.C.
Versão Núbia	Século VI d.C.
Versão Copta Sahidica	Século III d.C.
Versão Etiópica	Século VI d.C.

As citações feitas pelos pais da igreja (ou *pais apostólicos*), à semelhança de tudo o que acabamos de mencionar, são um poderoso aliado na comprovação da confiabilidade dos manuscritos do Novo Testamento. Isso porque, como líderes cristãos que exerceram seu ministério de liderança entre o final do século I e meados do século III d.C., tiveram contato com o primeira geração de líderes da igreja e, consequentemente, com seus primeiros escritos (autógrafos) ou ainda com as cópias manuscritas subseqüentes. Irineu (125-202 d.C.), por exemplo, escreve em uma de suas obras que ainda tinha a doutrina dos apóstolos diante de seus olhos e em seus ouvidos ainda ecoavam seus ensinos. Entre os escritos que compõem o Novo Testamento, Irineu faz citação dos evangelhos de Mateus, Marcos, Lucas, Atos dos Apóstolos e as epístolas de Paulo aos Coríntios (a primeira epístola) e a Tito, bem como a Primeira Epístola de Pedro e a Epístola aos Hebreus.

Inácio, o terceiro a assumir o bispado da igreja em Antioquia da Síria, e que viveu entre 70 e 110 d.C., escreveu sete cartas que se tornaram parte integrante dos escritos dos pais apostólicos. Nesses escritos, Inácio faz citação dos evangelhos de Mateus e João, Atos dos Apóstolos e as epístolas de Paulo aos Romanos, I Coríntios, Efésios, Filipenses, Gálatas, Colossenses, I e II Tessalonicenses, I e II Timóteo, e as epístolas de Tiago e I Pedro.

A quantidade de citações a respeito do Novo Testamento que os pais apostólicos deixaram nos anais da história é surpreendente. Segundo Greelee, professor de Grego Koinê (o grego utilizado na escrita do Novo Testamento) na *Universidade Oral Roberts*, nos Estados Unidos, a quantidade de citações é tão grande que é possível reconstituir-mos todo o Novo Testamento a partir dessas citações. Isso quer dizer que, se o Novo Testamento por alguma razão deixasse de existir ou fosse destruído, seríamos capazes de, a partir dessas citações, reconstituirmos integralmente todas as suas páginas. É basicamente isso que fez Dalrymple. Organizando em uma estante as obras redigidas pelos pais da igreja durante o II e III séculos, nos quais haviam citações diretas do Novo Testamento, reconstituiu o Livro Sagrado.

Citando F. F. Bruce, McDowell (1992) apresenta o seguinte quadro constante na obra *Archaeological Confirmation of the New Testament* (*Comprovação Arqueológica do Novo Testamento*):

CITAÇÕES PATRÍSTICAS ANTIGAS DO NOVO TESTAMENTO

Escritor	Evangelho	Atos	Epístolas Pastorais	Epístolas Gerais	Apocalipse	Total
Justino Mártir	268	10	43	6	3*	330
Irineu	1.038	194	499	23	65	1.819
Clemente de Alexandria	1.017	44	1.127	207	11	2.406
Orígenes	9.231	349	7.778	399	165	17.922
Tertuliano	3.822	502	2.609	120	205	7.258
Hipólito	734	42	387	27	188	1.378
Eusébio	3.258	211	1.592	88	27	5.176
Totais	**19.368**	**1.352**	**14.035**	**870**	**664**	**36.289**

*266 alusões.

2.3 – Principais Manuscritos do Novo Testamento

Conforme mencionamos reiteradas vezes, não possuímos qualquer documento *original* do Novo Testamento, ou seja, não temos em nossas mãos nenhum dos chamados *autógrafos*, pois há muito deixaram de existir. E, neste sentido, bastaria citarmos a fragilidade do material em que foram redigidos como responsável pelo seu natural desaparecimento. Afinal de contas, estamos falando de séculos de história, tempo mais que suficiente para o comprometimento de qualquer texto escrito, e isso sem mencionarmos o constante uso e a natural precariedade da forma de armazenamento. Sendo assim, quando o assunto é a restauração dos primeiros textos do Novo Testamento, recorremos naturalmente às cópias. São elas o único caminho capaz de nos conduzir àquelas primeiras páginas, os autógrafos.

Assim, quando falamos em *Manuscritos do Novo Testamento* estamos nos referindo, sem qualquer sombra de dúvida, às cópias que foram feitas a partir desses primeiros originais. Isso não significa que não possamos chamar essas cópias de *originais*, uma vez que foram feitas seguindo uma rígida norma de redação e, pela forma como eram cuidadosamente transcritos, recebiam dos escribas o "selo de autenticidade", passando aquela cópia a ter o mesmo valor que o manuscrito de onde foi feito a cópia. Ademais, o próprio trabalho feito pela *Crítica Bíblica* – assunto que estudaremos no capítulo IV dessa unidade – tem sido relevante neste sentido, uma vez que procura restaurar as páginas do Novo Testamento até a sua forma perfeitamente original (o *autógrafo*).

Os manuscritos do Novo Testamento, calculados em mais de vinte e quatro mil, foram redigidos durante quatro períodos distintos: O primeiro durante os três séculos iniciais da era cristã. Deste período, quando o Cristianismo ainda era visto como uma seita saída do Judaísmo e por isso perseguido, não restaram muitos manuscritos completos. O segundo período, que vai do século IV ao V d.C., foi marcado pela produção dos manuscritos em larga escala. Os textos se multiplicaram em decorrência da legalização da religião Cristã, quando o imperador romano Constantino, em 323 d.C., elevou o Cristianismo à religião oficial do império. O terceiro período se estende a partir do século VI, quando a responsabilidade da transcrição dos manuscritos estava nas mãos dos monges. Entretanto, é o período em que se percebe a diminuição da qualidade desses textos. O século X, o último período de transmissão dos manuscritos do Novo Testamento, à semelhança do período anterior, é marcado pela continuidade da rápida produção de cópias dos manuscritos e pela permanência da baixa qualidade textual dessas cópias.

Deixando de lado as questões pertinentes às peculiaridades gerais desses manuscritos, bem como as razões específicas e motivadoras desse declínio na qualidade textual de alguns deles, por se constituírem assuntos pertinentes a um nível mais avançado do nosso curso, citemos de forma resumida os principais manuscritos unciais que temos à nossa disposição:

2.3.1 – Manuscrito Alexandrinus

Escrito em grego e datado do século V d.C., contém, não apenas o Novo Testamento, mas a Bíblia inteira. É chamado *Alexandrinus* em virtude de sua associação com a cidade egípcia de Alexandria, uma vez que a posse desse manuscrito estava (antes de pertencer à Biblioteca Nacional do Museu Britânico) com o patriarca desta cidade, Cirilus Lucaris (376-444 d.C.). O manuscrito, possivelmente redigido por dois copistas, possui uma beleza literária indiscutível.

2.3.2 – Manuscrito Vaticanus

Datado do século IV d.C., é considerado um dos mais antigos manuscritos das Sagradas Escrituras. À semelhança do *Alexandrinus*, contém, além do Novo Testamento, quase todos os livros do Antigo Testamento em grego (a *Septuaginta* ou *Setenta*, *LXX*).

2.3.3 – Manuscrito Ephraemi Siry Rescriptus

Uma peculiaridade desse manuscrito é o fato de ser um *palimpsesto*, isto é, a maior parte de seu texto, pertencente ao V século d.C., foi removido para dar lugar aos escritos de Efraem, o sírio, um dos pais da igreja (daí a significação para *palimpsesto*, ou seja, *removido, raspado*). É graças aos modernos métodos de recuperação, especialmente o trabalho desenvolvido por von Tischendorf (1815-1875), que se conseguiu restaurar as páginas que haviam sido apagadas (eram cerca de 208).

2.3.4 – Manuscrito Bezae

O nome desse manuscrito é devido ao fato de que antes pertencia a Teodoro Beza (1519-1605), amigo, biógrafo e sucessor do reformador protestante João Calvino (1509-1564), que posteriormente, em 1581, doou à Universidade de Cambridge, Inglaterra. Transcrito em meados do V século d.C., é o manuscrito bilíngüe (grego e latim) mais antigo que se tem conhecimento. O texto contém algumas omissões, como por exemplo a 3ª epístola de João onde omite-se os primeiros dez (10) versículos. Entretanto possui todos os quatro evangelhos e o livro de Atos dos Apóstolos completos.

2.3.5 – Manuscrito Sinaiticus

Descoberto por Tischendorf em 1844, no mosteiro de Santa Catarina, localizado na península do Sinai, o manuscrito *Sinaiticus* contém todos os livros do Novo Testamento, além de alguns acréscimos, como a *Epístola de Barnabé*. O texto desse manuscrito, datado do IV século d.C., assemelha-se ao tipo de texto constante nos manuscritos *Alexandrinus* e *Vaticanus*, sendo, entretanto, um pouco inferior a estes.

2.3.6 – Manuscritos Washingtonianus I

Pertencente ao Instituto Smithsoniano de Washington, E.U.A. e produzido em algum momento do século V d.C., o manuscrito *Washingtonianus* contém os quatro evangelhos, algumas epístolas de Paulo (exceto Romanos), Hebreus e alguns livros do Antigo Testamento, como Deuteronômio, Josué e o Livro de Salmos.

Questão para Reflexão:

Os manuscritos do Novo Testamento, muito embora sejam cópias dos chamados autógrafos e, portanto, não trazerem as digitais dos seus autores originais, são resultado do árduo trabalho dos escribas na tarefa de preservar, mediante a reprodução escrita, os textos das Sagradas Escrituras. Como podemos ter certeza da autenticidade dessas cópias?

Capítulo 3

As Principais Traduções

A Bíblia Sagrada, Coletânea traduzida e parafraseada mais do que qualquer outro livro na história da humanidade, ainda que alguns não acreditem ser a Palavra de Deus, testes de originalidade e confiabilidade, grande parte motivada por incrédulos que lhe desejavam o descrédito e a aniquilação, confirmam sua origem divina e, consequentemente, a confiabilidade de suas páginas. Neste capítulo, não deixando de levar em consideração a ação de Deus no sentido de preservar o texto sagrado, estudaremos um pouco mais acerca da história da Bíblia, desta vez a partir de suas principais traduções. Para tanto, verificaremos os principais termos pertinentes ao tema: *tradução (versão), transliteração, comentário* e termos afins; analisaremos os diferentes momentos em que, na história da Igreja Cristã, as principais traduções surgiram; e, por último, apresentaremos um resumo histórico pertinentes a essas traduções, apontando, à medida que necessário, as modernas versões.

3.1 – A Tradução

A Bíblia Sagrada, literatura mais traduzida do mundo, escrita originalmente em hebraico e grego, com algumas referências em aramaico (no Antigo Testamento), teve suas páginas transcritas para outros idiomas, entre eles, o latim, com os seguintes propósitos fundamentais:

- Disponibilizar o conteúdo da mensagem divina a todos aqueles que não possuem conhecimento adequado dos originais.
- Auxiliar na tarefa da evangelização missionária, uma vez que é através de sua distribuição, que povos são alcançados com a mensagem de salvação.
- Ajudar na unificação lingüística de certos idiomas, pois, mediante o uso de uma única tradução alguns povos têm eliminado de seus respectivos idiomas os usos meramente locais da língua.

A tradução pode ser: livre ou literal. Na tradução livre, o tradutor transcreve um determinado texto, originalmente escrito em um idioma, para um outro idioma preocupando-se em traduzir as idéias que as palavras transmitem, não tanto o sentido literal que elas possuem. Já na tradução literal, o tradutor obedece exatamente à seqüência disposta no texto. Isso exige do tradutor uma preocupação com as palavras que aparecerão no texto a ser traduzido. Nesse processo, cabe ao profissional a conversão das palavras obedecendo à adequação vocabular. Considerando que o leitor não tenha conhecimento do idioma original – no nosso caso o hebraico e o grego – pode se optar por uma das duas espécies de tradução (livre ou literal).

A tradução livre, por ser uma tradução popular e dispensar o leitor de buscar outros sentidos para as palavra ali contidas, traz algumas dificuldades no que se refere a interpretação, afinal de contas, quem opta pela leitura de uma tradução livre, indiretamente, está concordando com a forma como o tradutor fez a versão do texto. Entre as traduções desse tipo podemos citar: A *Bíblia Sagrada – Nova Tradução na Linguagem de Hoje* (publicado pela Sociedade Bíblica do Brasil, 2000), *Novo Testamento Vivo* (publicado pela Liga Bíblica Mundial, 1972) e as *Cartas para Hoje* (publicado pela Editora Vida Nova, S/D), tradução feita por J. Phillips.

A tradução literal tem como característica principal a preocupação do tradutor com a adequação dos vocábulos. Nesse tipo de tradução, o autor busca a palavra mais adequada para determinado termo estrangeiro de modo a fazer com que o leitor, mesmo que não conheça a língua semítica, esteja mais próximo do texto original. A esse tipo de tradução é permitida a busca de outros sentidos para os signos lingüísticos ali traduzidos, sem que haja perigo iminente de incorrer em erros grosseiros de interpretação.

O resultado de uma tradução literal é, segundo Geisler e Nix (1997), um texto bastante rígido, como é o caso da tradução de Young, a *Young's Literal Translation of the Holy Bible* (Tradução Literal de Young da Bíblia Sagrada). É o caso, também, do *Novo Testamento Interlinear*, publicado pela Sociedade Bíblia do Brasil, em 2004. Nestes exemplos específicos, a preocupação do tradutor é fundamentalmente expressar, com fidelidade e exatidão, o sentido exato das palavras que estão sendo traduzidas. Vejamos os esquemas gráficos abaixo:

• **EM RELAÇÃO A TRADUÇÃO DO TEXTO**

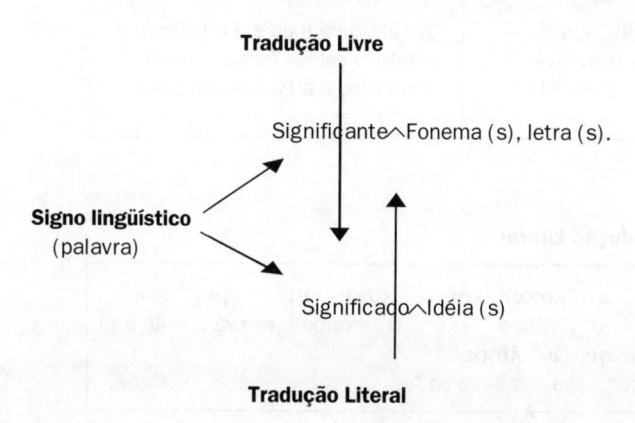

Tradução Livre

Signo lingüístico (palavra) → Significante ⌢ Fonema (s), letra (s).

→ Significado ⌢ Idéia (s)

Tradução Literal

• **EM RELAÇÃO A INTERPRETAÇÃO DO TEXTO TRADUZIDO**

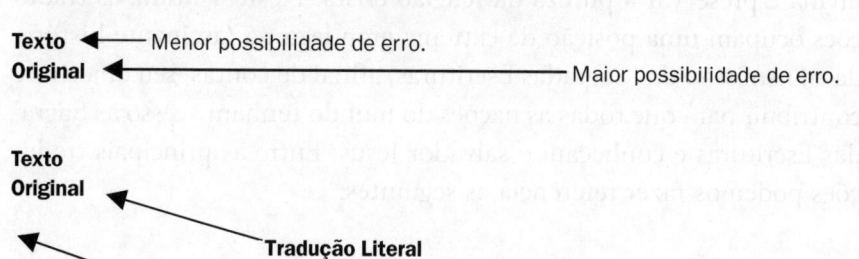

Texto Original ← Menor possibilidade de erro.
Texto Original → Maior possibilidade de erro.

Texto Original ← Tradução Literal

Texto Original ← Tradução Livre

Observa-se, no gráfico 2, que quanto mais próximo do original a tradução for, e isso consegue-se traduzindo literalmente as palavras contidas no texto original, tal como aparecem, sem a preocupação de se utilizar palavras mais fáceis, menores são os riscos de ocorrerem erros de interpretação. Isso, entretanto, exigirá do leitor das Escrituras um conhecimento mais avançado dos idiomas originais (hebraico, aramaico e grego).

Exemplos:

Texto Original	Tradução Livre
"Εν αρχη ην ο λογος, και ο λογος ην προς τον θεον, και θεος ην ο λογος"[1] (João I.1).	"No início de tudo era a Palavra, e a Palavra estava frente a frente com Deus, e a Palavra era Deus".

Texto Original e Tradução Literal

"Εν αρχη   ην ο   λογος, και ο   λογος ην   προς τον
"Em (o) princípio era o   Verbo   e   o   Verbo estava junto a
θεον, και θεος ην ο λογος."
Deus,   e   Deus era o Verbo."

3.2 – As Antigas Traduções

Alguns estudiosos, como Geisler e Nix (1997), atribuem às mais antigas traduções dois propósitos fundamentais: propagar a mensagem divina e preservar a pureza da religião cristã. Neste sentido, as traduções ocupam uma posição de extrema grandeza na fascinante história da transmissão das Sagradas Escrituras, afinal de contas, seu objetivo é contribuir para que todas as nações do mundo tenham acesso às Sagradas Escrituras e conheçam o salvador Jesus. Entre as principais traduções podemos fazer referência às seguintes:

3.2.1 – A Septuaginta

A Septuaginta (termo proveniente do latim que significa literalmente setenta), tradução da Bíblia feita por setenta e dois judeus (seis tra-

---

[1] Ler-se: *"En archê en ho lógos, kái ho lógos ên prós tón theón, kái theós ên ho lógos"*.

dutores de cada uma das doze tribos de Israel) confinados, separadamente, por exatos setenta e dois dias, em uma torre na ilha de Faros, no porto de Alexandria, Egito, foi produzida, por ordem de Ptolomeu II Filadelfo, para atender a um propósito essencial: fazer com que os judeus alexandrinos, que falavam o grego, uma condição para alguém ser cidadão de Alexandria, tivessem uma cópia das Escrituras Hebraicas nesse idioma. Em contra partida, a tradução da Septuaginta beneficiou não somente esse povo, mas todos aqueles que, em virtude do exílio babilônico (século VI a.C.), não mais dominavam o hebraico, necessitando, portanto, de uma tradução grega das Sagradas Escrituras.

3.2.2 – A Hexápla

A Hexápla (Sextupla), feita em 228 d.C., por Orígenes, e que se perdeu durante um saque efetuado pelos sarracenos (muçulmanos) contra Cesaréia, em 653 d.C., tinha por objetivo corrigir as falhas deixadas pela tradução da *Septuaginta* (Cabral, 2001). Para solucionar essas falha, o estudioso responsável por essa tradução preparou uma harmonia do Antigo Testamento em seis colunas, dispostas na seguinte ordem:
- Texto hebraico.
- Texto hebraico em grego.
- Tradução de Áquila (130-150).
- Tradução de Símaco (185-200).
- Texto da Septuaginta
- Tradução de Teodocião (150-185).

3.2.3 – A Vulgata Latina

A Vulgata (comum, popular) é a tradução das Sagradas Escrituras para o latim, feita por Sofrônio Eusébio Jerônimo. Essa tradução se tornou a Bíblia do Ocidente durante a Idade Média e o primeiro livro a ser impresso após a invenção dos tipos móveis (letras feitas em chumbo que podiam ser manuseadas para formar palavras) de Johann Gutenberg, em 1542, Mains, Alemanha. Essa versão latina das Escrituras foi feita a pedido do papa Dâmaso I, de quem Jerônimo era secretário. Conhecedor das inúmeras traduções que circulavam em sua época, Damásio I acreditava que uma nova versão das Escrituras em latim era de extrema necessidade e urgência. Assim, essa nova versão foi realizada porque:
- A grande variedade de traduções em latim (feitas a partir da Septuaginta) não eram consideradas oficiais pela Igreja.

• Os textos do Novo Testamento haviam sido traduzidos em circunstâncias informais, portanto, sem o amparo e a autorização da Igreja.

3.2.4 – A Antiga Latina

A tradução da Antiga Latina, a mais utilizada no norte da África, surgiu no final do primeiro século da era cristã, a partir da Tradução Septuaginta. A produção dessa tradução, mesmo sendo o grego o idioma franco de todo o Ocidente nesse momento histórico, revela a necessidade que a Igreja Cristã começava a ter de uma tradução em latim, uma vez que o idioma, acompanhando o crescimento do Estado Romano, tornou-se amplamente divulgado.

3.3 – As Traduções Modernas

As traduções modernas, que surgiram da natural necessidade de se divulgar as Sagradas Escrituras e a salvação em Cristo Jesus e que contaram com as facilidades da Era Moderna, tais como, a invenção da imprensa por Gutenberg e os meios de transporte, facilitaram a distribuição dessas traduções.

3.3.1 – A Tradução de Wycliffe

Grande parte dos estudiosos concorda que as traduções modernas tiveram início com a obra do reformador inglês John Wycliffe. Esse reformador, nascido em 1328 d.C, pregava que a Bíblia Sagrada e não a Igreja era a única autoridade para o cristão. E, neste afã, iniciou, pelo Novo Testamento, a tradução das Escrituras para o inglês, terminando-a em 1382. Dois anos depois, em 1384, Nicolau de Hereford terminou a tradução do Antigo Testamento.

3.3.2 – A Tradução de Tyndale

William Tyndale (1495-1536), movido por um sentimento reformador, traduziu as Escrituras Sagradas para o inglês utilizando os originais hebraico e grego com o objetivo de que todas as pessoas de seu país (Inglaterra) tivessem acesso à Bíblia. Essa tradução exerceu grande influência na literatura inglesa, a ponto de ser incorporada (em parte) à tradução *King James*.

3.3.3 – A Tradução King James

Versão Autorizada ou simplesmente King James (Rei Tiago), surgiu com o objetivo de sanar a insatisfação dos cristãos puritanos contra a igreja da Inglaterra (os anglicanos). Tiago, rei da Inglaterra, convocou cerca de cinqüenta e quatro teólogos para que fizessem uma nova tradução das Escrituras Sagradas (apenas quarenta e sete participaram desse empreendimento). A nova tradução substituiria as duas versões populares que haviam em sua época (a *Bíblia de Genebra* e a *Bíblia dos Bispos*). Apesar dessa obra ter sido publicada em 1611, continua até hoje sendo a tradução preferida do povo inglês.

3.3.4 – A Tradução Alemã

A tradução alemã das Sagradas Escrituras, feita em plena Reforma Protestante, por Martinho Lutero (1483-1546) quando, de maio de 1521 a março de 1522, refugiou-se no castelo de Wartburg. O reformador traduziu primeiramente o Novo Testamento, utilizando para isso uma versão grega feita por Erasmo de Roterdã (1466-1536). A Bíblia inteira só ficou pronta em 1534.

A tradução alemã tornou-se de elevada importância, não só pelo peso espiritual de causou, afinal de contas, o povo alemão passou a ter acesso às Sagradas Letras, até então propriedade exclusiva dos religiosos católicos que liam e falavam latim, mas também porque unificou o idioma germânico, eliminando os diversos dialetos que existiam à época de Lutero, dando início, assim, ao moderno alemão.

3.4 – As Traduções em Língua Portuguesa

As traduções em Língua Portuguesa foram um grande avanço na disseminação Bíblia entre os países de fala portuguesa. Entre aqueles que contribuíram para essa sublime tarefa, merece destaque João Ferreira de Almeida que, desde os seus primeiros esforços até a última versão de sua tradução (*Versão Corrigida*), soma-se mais de trezentos e cinqüenta anos de amor e respeito pelas Sagradas Escrituras.

3.4.1 – Tradução de João Ferreira de Almeida

João Ferreira de Almeida começou sua tradução das Escrituras Sagradas em 1645, três anos após ter se convertido a Cristo (converteu-se ao evangelho em Batávia, atual Jacarta, capital da Indonésia, em 1642), quando ainda não tinha dezessete anos de idade.

A primeira tradução do Novo Testamento para o português, feita por Almeida, foi a partir das versões em latim, espanhol, francês e italiano. Entretanto, não satisfeito com essa tradução, reiniciou o seu trabalho, desta vez utilizando-se dos originais. Essa nova tradução ficou pronta em 1676, mas só foi impressa, em Amsterdã, na Holanda, cinco anos depois, em virtude do lento processo de revisão pelo qual passou a obra. O Antigo Testamento, por sua vez, foi traduzido somente até o livro de Ezequiel, porque o autor faleceu. Assim, cabendo ao holandês Jacob Op den Akker a conclusão da obra, a qual foi impressa em 1753.

A Tradução de Almeida passou, ao longo de sua história, por várias revisões. O próprio Almeida identificou cerca de dois mil lapsos de tradução. É em virtude dessas correções que surgiram a Edição Revista e Reformada (revisada de 1837 a 1844); a Edição Corrigida; a Edição Revista e Corrigida (revisada de 1894 a 1925); e a Edição Revista e Atualizada (revisada de 1945 a 1955). É preciso ressaltar que há séculos, essa tradução de Almeida tem sido a preferida pela grande maioria dos leitores da Bíblia em língua portuguesa. Tanto que a grande maioria das Bíblias que temos hoje, como por exemplo, Bíblia de Estudo Pentecostal, Bíblia Vida Nova, Bíblia de Estudo Indutivo, Bíblia Trinitariana e a Bíblia de Estudo de Genebra utilizam a tradução de João Ferreira de Almeida.

3.4.2 – Tradução de Figueiredo

O padre Antônio Pereira de Figueiredo, nascido em Tomar, Portugal, em 1725, elaborou uma tradução da Bíblia que demorou dezessete anos para ser concluída. Essa versão, a qual leva o nome de seu autor, foi publicada, em 1819, em sete volumes. O texto utilizado para essa tradução foi o texto da Vulgata Latina.

3.4.3 – Tradução de Matos Soares

O padre Matos Soares, como Figueiredo, também utilizou a versão latina do Antigo Testamento para realizar sua tradução, publicada em 1946. Segundo especialistas, inclusive católicos romanos, não é uma das melhores traduções.

3.4.4 – A Tradução de Rohden

Huberto Rohden (1894-1981), padre, filósofo, cientista e estudioso da religião, nascido em Tubarão, Santa Catarina, Brasil, iniciou a tradução do Novo Testamento quando ainda era estudante na Alemanha e a concluiu no Brasil, em 1935. Feita diretamente dos manuscritos gregos, a tradução de Rohden representou a inserção das Escrituras no círculo filosófico brasileiro em meados do século XX.

3.5 – A Transliteração

A Transliteração, é nada menos que a versão das letras de um texto em determinada língua para as letras equivalentes de outra língua, ajudando na pronúncia correta das palavras de um outro idioma. A transliteração é importante, uma vez que seu objetivo é propiciar a devida pronúncia dos caracteres originais das Escrituras Sagradas, seja hebraico, grego ou aramaico. Tomemos como exemplo o texto grego citado abaixo:

Texto Grego:
"Εν αρχη ην ο λογος, και ο λογος ην προς τον θεον, και θεος ην ο λογος".

Transliteração:
"En archê en ho lógos, kái ho lógos en prós ton theón, kái theós en ho lógos".

No caso do idioma grego (obedecendo a tabela a seguir), trocando-se os caracteres pelos seus correspondentes latinos e obedecendo as dicas de pronúncia, pode-se facilmente ler os textos originais.

TABELA DE TRANSLITERAÇÃO (GREGO)

Nome	Letra (minúscula)	Equivalente
Alfa	α	a
Beta	β	b
Gama	γ	g
Delta	δ	d
Épsilon	ε	e
Dzeta	ζ	dz
Eta	η	e
Teta	θ	th
Iota	ι	i
Capa	κ	c
Lambda	λ	l
Mu	μ	m
Nu	ν	n
Xi	ξ	x
Ómicron	ο	o
Pi	π	p
Ró	ρ	r
Sigma	σ, ς	s
Tau	τ	t
Úpsilon	υ	u
Fi	φ	f
Qui	χ	Ch
Psi	ψ	Ps
Omega	ω	o

Observação 1:

Na utilização da tabela acima se deve observar algumas regras em relação à pronúncia de determinados caracteres durante o processo de transliteração, isso porque nem todos os equivalentes são tirados da língua portuguesa, uma vez que não se encontrou em nosso idioma nenhuma letra com a pronúncia equivalente ao original. São eles: δ (*dzeta*) = dz (do finlandês "*dzobizinski*"), θ (*teta*) = th (do inglês "*with*"), υ (*úpsilon*) = u (do francês "*tu*" ou do alemão "*Müller*"), χ (*qui*) = ch (do alemão "*ich*").

Observação 2:

No caso específico da letra υ (*úpsilon*), quando da escrita da transliteração, coloca-se "y", ou seja, na pronúncia utiliza-se o som da letra francesa (ou alemã "ü"), mas na escrita coloca-se "y".

3.1.6 – Comentários

"[...] Como poderei entender, se alguém não me ensinar?" (At.8.31). Estas foram as palavras de apelo proferidas pelo eunuco, mordomo-chefe de Candace, a rainha os etíopes. Não entendendo nada daquilo que vinha lendo à medida que cavalgava vindo de Jerusalém, o eunuco precisava de uma explicação sobre o texto do profeta Isaías (53.7-8). Ele precisava de um *comentário*, neste caso específico, um comentário verbal, detentor de valor e autoridade tanto quanto um comentário escrito. Esse comentário é tão somente uma explicação das Sagradas Escrituras, mas que para os judeus ocupa um lugar de honra. É o caso do *Talmude* que, como vimos alhures, é a coletânea de preceitos rabínicos, decisões legais e comentários sobre a lei mosaica. É uma verdadeira enciclopédia de conhecimentos e tradições judaicas. Entre os diversos comentários podemos citar: os *Guemarás* (200 d.C.), o *Misná* (200 d.C.), o *Midraxe* (100 a.C. – 300 d.C.) e a *Hexapla*. (não entendi o objetivo)

Questão para Reflexão:

As traduções das Escrituras Sagradas desempenharam um incontestável avanço na disseminação da verdade de Deus entre os povos. Partindo desse fato, qual o elemento unificador de todas essas traduções?

CAPÍTULO 4

Verdades e Mentiras Sobre a Crítica Bíblica

A crítica bíblica, mesmo para aqueles que estão dando os primeiros passos no conhecimento teológico, é de fundamental importância no estudo sistemático das Sagradas Escrituras, pois é através dela que se procura determinar o verdadeiro sentido da Bíblia. Diante de tal importância, neste capítulo, verificaremos a origem etimológica da palavra crítica; a funcionalidade da crítica na obtenção de uma verdadeira interpretação; a origem histórica da análise crítica dos textos sagrados; o lado negativo dessa ciência crítica, quando motivado por espíritos céticos; e os principais ramos da Crítica Bíblia.

4. 1 – A Crítica Bíblica Propriamente Dita

O termo *crítica*, proveniente do verbo grego *"kríno"*, que significa literalmente julgar, determinar, discernir e testar, quando relacionado a questões literárias, adquire o sentido de análise com imparcialidade, com justiça e retidão, considerando, assim, tanto os méritos quanto os defeitos. O mesmo termo, quando relacionado à Bíblia, constitui-se na investigação ampla, tanto do texto bíblico quanto de tudo aquilo que o envolve, mais especificamente, no estudo e na investigação criteriosa dos textos bíblicos com o objetivo de emitir um juízo criterioso, equilibrado, fiel, preciso e, fundamentalmente, imparcial. Sob esse ponto de vista, a crítica bíblica abarca, entre outra coisas, a investigação histórica; as características; as questões que envolvem a transmissão dos textos bíblicos; os diferentes estilos de caligrafia utilizadas na redação das Escrituras; os tipos de materiais utilizados nessa redação ao longo dos séculos; o contexto histórico determinante das datas dos eventos registrados; os problemas de ordem lingüística, cultural e filosófica; as idéias que caracterizaram períodos e que, por isso mesmo, influenciaram os autores sagrados.

A citação de todos esses elementos, que fazem parte da análise da crítica bíblica, evidencia o grau de importância que essa análise ocupa dentro do estudo das Sagradas Escrituras, pois qualquer estudioso do assunto busca informações autênticas, precisas e imparciais. Entende-se por imparcial, as considerações geradas a partir da verdade que reside no próprio texto, e não em idéias, posições ou considerações pré-formuladas, que na grande maioria das vezes são enganosas, preconceituosas e fundamentalistas. Em suma, podemos dizer que a crítica bíblica é uma ciência por meio da qual temos condições de chegar a uma conclusão satisfatória da origem, história e estado dos textos (os originais) que compõem as Sagradas Escrituras.

4.2 – Origem Histórica e Realidade da Crítica Bíblica

A *crítica bíblica* tem suas raízes espalhadas por longos anos de história, mas seus princípios básicos podem ser encontrados em atitudes como a dos saduceus, grupo religioso judeu contrário a Jesus e a práticas judaicas não explicitamente ensinada no Pentateuco; ou ainda, nas atitudes dos fariseus, grupo religioso judeu que aceitou como canônicos todos os livros que compõem o Antigo Testamento. Nestes casos específicos, seja positiva ou negativamente, os grupos aqui citados agiram como críticos, pois se utilizaram de princípios pertinentes ao que hoje se denomina crítica bíblica. É evidente que, naquela época, essa crítica não era essa ciência metodologicamente organizada e definida como é hoje, mas já se constituía no princípio da investigação histórica, da análise da autoria e da consulta criteriosa do conteúdo.

Lutero, por exemplo, em pleno século XVI, rejeitou a Epístola de Tiago, chegando a ponto de arrancá-la de sua Bíblia e atirá-la no rio Elba. Isso porque, no seu entendimento, essa epístola chocava-se diretamente com o ensino paulino de justificação pela fé. É claro que o exame ou critério utilizado pelo reformador para fazer essa avaliação não foi um dos melhores, haja vista que não existe contradição entre os dois ensinos em relação à justificação, mas ainda assim é considerada uma atitude crítica.

Em termos práticos, a *crítica bíblica* é datada do século XVIII, quando o contexto histórico registra o pleno desenvolvimento do racionalismo que, entre os séculos XVII e XVIII, espalhou pelo Ocidente as idéias de que tudo pode ser explicado por meio da razão e que a verdade é obtida somente pelo desenvolvimento do raciocínio humano, pois a fé religiosa é destituída de fundamento racional. É nessa época que os principais pensadores cristãos, fazendo frente às fortes tendências racionalistas, começaram a dar relevância ao Cristianismo submetendo seus textos (as Sagradas Escrituras) a exames criteriosos.

È importante ressaltar que a crítica só se torna danosa quando motivada por uma mente cética, conduzida por aqueles cujo único desejo é destruir e negar a fé, e que na grande maioria das vezes é proveniente de indivíduos com algum tipo de distorção psicológica, moral ou espiritual, ou ainda pessoas indignadas com a Igreja e seus ensinos.

A rigor, a Bíblia Sagrada tem resistido durante séculos às investidas dos críticos que abraçam o ceticismo e o fazem sua bandeira. Mas ela permaneceu, permanece e permanecerá soberana e infalível Palavra de Deus. É nesse sentido que Bernard Ramm, antigo professor de Teologia do *Seminário Teológico Batista do Leste* (*Eastern Baptist Theological Seminary*) vaticina:

> *"Por mais de mil vezes badalaram os sinos, anunciando a morte da Bíblia, formou-se o cortejo fúnebre, talhou-se a inscrição na lápide e fez-se a leitura da elegia fúnebre. Mas por alguma maneira o cadáver nunca permaneceu sepultado. Nenhum livro tem sido tão atacado, retalhado, vasculhado, examinado e difamado. Que livro de filosofia, religião, psicologia ou literatura, do período clássico ou moderno, sofreu um ataque tão maciço como a Bíblia? Um ataque marcado por tanta maldade e ceticismo? Um ataque tão vasto e desferido por pessoas tão eruditas? Um ataque contra cada capítulo, parágrafo e linha? A Bíblia ainda é amada por milhões, lida por milhões e estudada por milhões".*

4.3 – Crítica Bíblica

A Crítica Bíblica pode dividida em dois ramos distintos de estudo: alta e baixa crítica.

4.3.1 – Alta Crítica

A alta crítica preocupa-se com o texto a partir da natureza, da forma, do método, dos assuntos e dos argumentos apresentados pelos diferentes livros que compõem a Bíblia. Analisa ainda a conexão existente entre os diferentes contextos; a relação entre as passagens; e as circunstâncias vivenciais tanto dos autores quanto daqueles para os quais escreveram. Em sentido geral, ocupa-se com a autenticidade do texto bíblico, por isso avalia a data do texto, sua estrutura, seu estilo literário, sua autoria e historicidade.

Essa crítica, devido a abrangência de seus estudos, pode ser subdividida da seguinte forma: crítica de redação, crítica de forma, crítica textual e crítica literária. A crítica literária, por sua vez, ainda pode subdividir-se em: crítica de Fonte e crítica Histórica. Vejamos o esquema gráfico:

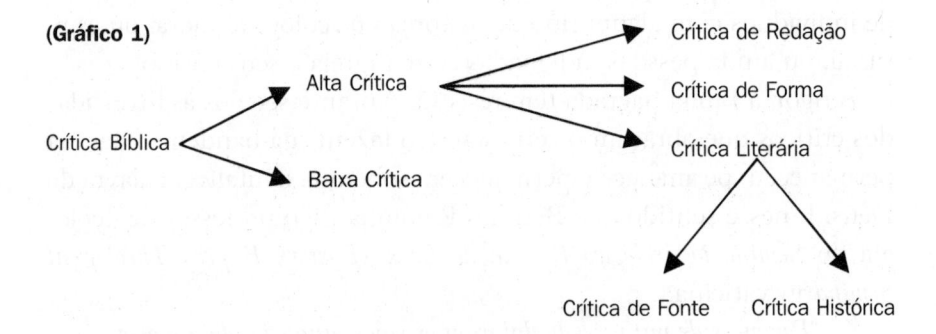

(Gráfico 1)

```
                           ┌──► Crítica de Redação
              ┌─ Alta Crítica ──► Crítica de Forma
Crítica Bíblica ─┤              └──► Crítica Literária ──┬──► Crítica de Fonte
              └─ Baixa Crítica                           └──► Crítica Histórica
```

4.3.1.1 – Crítica de Redação

A crítica de redação refere-se a análise dos compiladores finais, ou seja, aqueles que, muito embora não constando seus nomes nos livros por eles redigidos, participaram de forma ativa na composição dos textos. Essa análise tem como objetivo analisar a motivação teológica dos redatores, tal como revelada na coleta, arranjo, revisão e modificação do material. A *crítica de redação*, portanto, procura determinar o ponto de vista teológico do escritor sagrado (Perrin, 1969)

4.3.1.2 – Crítica de Forma

A crítica de forma, surgida nos primeiros anos após-guerra a 2ª Guerra Mundial, ligada à crítica de fonte, estuda as razões que conduziram a formação dos primeiros livros do Novo Testamento, isto é, os Evangelhos. Isso porque, os críticos de forma acreditam que esses textos foram formados a partir de pequenas unidades independentes de informação. É a partir dessas pequenas unidades de informação que, segundo esses estudiosos, nasceram as diversas literaturas populares da época como os mitos, lendas e contos. Portanto, a tarefa primordial desse tipo de crítica é desvelar as razões por trás da coleta, desenvolvimento e registro dessas unidades. Pois somente assim, conjeturam, haverá possibilidade de conhecimento da forma autêntica dessas unidades e, consequentemente, da determinação do propósito prático para tal preservação (McDowell / Wilson, 1995).

4.3.1.3 – Crítica Literária

A Crítica Literária preocupa-se em analisar as palavras presentes nas Escrituras, objetivando compreender tanto o sentido que elas ocupam no texto quanto o significado pleno do próprio texto. Além disso, analisam a gramática e o estilo literário de cada escritor.

4.3.1.4 – Crítica de Fonte

A Crítica de Fonte, subdivisão da Crítica Literária trabalha com a tese de que tanto o Pentateuco quanto os quatro Evangelhos são provenientes de fontes distintas. Neste sentido, o Pentateuco formado a partir de quatro fontes distintas: a Fonte Javista, designada pela letra "J"; Fonte Eloísta, designada pela letra "E"; Fonte Deuteronomista, designada pela letra "D"; e a Fonte Sacerdotal, designada pela letra "P" (livro dos sacerdotes). Nesse estudo, o mesmo princípio metodológico foi aplicado aos quatro Evangelhos os quais, segundo os críticos da Alta Crítica, surgiram a partir de fontes distintas, tais como: Fonte Q e Proto-Lucas. Todas essas afirmativas são apenas hipóteses teóricas, que até hoje levantam questionamentos, dividem opiniões e fazem escolas de pensamento.

4.3.1.5 – Crítica Histórica

A *crítica histórica* ocupa-se do cenário histórico que circunda a composição do texto bíblico. Perguntas tais como: *"Quando o texto foi escrito?"*, *"Onde foi escrito?"*, *"Quais as circunstâncias que cercavam os autores?"*, *"Quem eram os destinatários?"* são as principais indagações que norteiam as pesquisas da Crítica Histórica.

4.3.1.6 – Baixa Crítica

Conhecida também como *"Crítica Textual"*, por ser fundamental a todos os outros ramos da *Crítica Bíblica*, a Baixa Crítica preocupa-se com a confiabilidade do texto. É em virtude disso que busca determinar as palavras originais. Segundo o Gardner, a Baixa Crítica vasculha a natureza verbal e histórica confinada a vocábulos ou à colocação de vocábulos, conforme aparecem nos manuscritos ou mesmo em textos impressos.

No gráfico abaixo, proposto por McDowell e Wilson (1995), pode-se perceber que esse tipo de crítica está posicionada logo abaixo da *alta crítica*, isso significa que ela é o seu sustentáculo e, como na edificação de uma casa, onde o alicerce é a base sólida onde toda a construção se apoia, a *baixa crítica* fornece o material sólido e confiável no qual a *alta crítica* desenvolve o seu trabalho, ou seja, o texto autêntico das Sagradas Escrituras. Neste sentido, um crítico da *baixa crítica* é aquele estudioso que se preocupa em obter um texto bíblico autêntico e para isso utiliza-se de determinados critérios (ou padrões) de qualidade. Em termos práticos, é o que feito quando se corrige os erros tipográficos (erros de impressão) em livros, revistas e jornais.

4.4 – A Alta Crítica e a Hipótese Documentária

Foi com J. G. Eichhorn, estudioso alemão que, em fins do século XVIII, utilizou pela primeira vez o termo Alta Crítica. É graças ao seu livro *"Introdução ao Antigo Testamento"*, que passou a ser chamado de "Pai da Crítica do Antigo Testamento". Entretanto, ainda que Eichhorn tenha sido o primeiro estudioso a utilizar o termo em relação à Bíblia Sagrada, é com Jean Astruc, médico de Luís XV (rei da França), em 1753, que a Alta Crítica é de fato associada ao estudo do Antigo Testamento. É dele a tese de que talvez o livro de Gênesis tivesse sido redigido a partir de determinadas fontes independentes, ou seja, documentos informativos a partir dos quais Moisés foi capaz de produzir o primeiro livro da Bíblia. É a partir dessa suspeita que os demais livros do Pentateuco (Êxodo, Levítico, Números e Deuteronômio) passaram a ser analisados mediante a Hipótese Documentária.

A Hipótese Documentária, como ficou conhecida a suspeita levantada por Astruc, tem sido empregada de forma arbitrária, uma vez que todos os livros que compõem o Antigo Testamento têm sido divididos (dilacerados) em numerosas "fontes". Para que possamos entender melhor, essa hipótese documentária se desenvolve a partir de dois elementos fundamentais, ou seja, a autoria e a data dos livros. Segundo os defensores dessa teoria documental, existe uma alternância dos nomes de Deus nas páginas do Pentateuco, especialmente em Gênesis, onde Deus aparece ora como *Jeová* e em outros momentos como *Elohim*. Isso indica, segundo esses críticos, não uma simples alternância de nomes, mas a existência de autores diferentes. Logo, falando-se em autores diferentes escrevendo um mesmo livro, a diferença de datas para essas composições deve ser levantada.

É neste sentido que datam essas fontes literárias da seguinte forma: Fonte Javista. Data: Fim do século X a.C., na Segunda metade do reinado de Salomão; Fonte Eloísta. Data: Final do século IX a.C; Fonte Deuteronomista. Data: Entre 722 e 588 a.C. (isto é, entre os dois exílios: o assírio, em 722 a.C. e o Babilônico, em 588 a.C.); Fonte Sacerdotal. Data: 588 a.C., durante o exílio babilônico.

A teoria de Astruc passou por várias reformulações ao longo de sua história, especialmente em decorrência das novas descobertas arqueológicas. Entre os sucessores do médico francês estão Welhausen, Gunkel e Gerad Von Red que, partindo dos princípios lançados por Astruc, deram à teoria os contornos necessários à sua sobrevivência. Entretanto, pontua McDowell (1992), os defensores da teoria documental não têm sido muito honestos atualmente.

> *"Livros inteiros da Bíblia foram despedaçados em numerosas "fontes"; quase todos os livros do Antigo Testamento foram datados tardiamente – com uma diferença para menos de mil anos, em alguns casos –, conforme o testemunho interno dos próprios documentos sagrados não permitia fazê-lo. A narrativa bíblia dos primórdios da história dos hebreus foi substituída por uma teoria complicada e muito envolvida, contradizendo os próprios relatos de Israel quanto à sua história, praticamente em cada ponto principal. Por causa dessa reconstituição indiscriminada da literatura antiga de Israel, bem como dessa reconstituição radical da história do povo hebreu, essa escola, que dominou os estudos do Antigo Testamento desde que ela surgiu, juntamente com a metodologia que obteve esses tão drásticos resultados, passou a ser conhecida, em alguns círculos, como "Alta Crítica destrutiva"* (McDOWELL, 1993).

Uma das principais justificativas para a hipótese documentária, ao lado dos diferentes nomes de Deus no livro de Gênesis, é a tese de que Moisés não poderia ter escrito o Pentateuco porque em sua época os homens não dominavam a escrita, a escrita só teria aparecido mais tarde. Neste sentido, sentenciam tais críticos, os livros que compõem o Pentateuco só poderiam ter sido escritos mais tarde, muito tempo depois de Moisés. Entretanto, o que esses críticos não esperavam era que a arqueologia trouxesse uma prova contundente e irrefutável de que a escrita já existia muito tempo antes da era mosaica – o *"obelisco negro"* de Hamurabi.

Descoberto entre 1901 e 1902, durante as escavações feitas por arqueólogos franceses em Susã (região que atualmente pertence ao Irã), o *obelisco negro*, que media 2.10 m de altura e trazia duzentos e oitenta e dois parágrafos escritos em idioma acádio que tratam sobre questões civis, criminais e comerciais, é uma das descobertas mais importantes da atualidade, porquanto se trata do primeiro código legal a ser descoberto, de antes dos textos bíblicos. Segundo a moderna arqueologia, o Código de Hamurabi, como ficou conhecido, é pelo menos trezentos (300) anos anterior aos escritos de Moisés. Portanto, é inadmissível que se sustente, pelo menos com base nisso, que o Pentateuco não poderia ter sido redigido por Moisés porque naquela época não havia escrita, justificando-se, então, a possibilidade de haver escritores que se encarregaram da tarefa de redação numa era posterior ao patriarca.

Questão para Reflexão:
A Crítica Bíblica possui diversos críticos céticos que não acreditam na sobrenaturalidade divina nas páginas da Bíblia. Essa descrença traz alguma benefício para aqueles que estudam as Sagradas Escrituras? Por quê?

Capítulo 5

A Bíblia: Resumos e Dados Auxiliares

Neste capítulo, apresentaremos um resumo simplificado contendo algumas informações básicas a respeito dos livros que compõem as Sagradas Escrituras com o objetivo de facilitar o estudo do texto sagrado. Nessa apresentação, explanaremos sobre os livros que formam a Coleção Canônica, sobre a metrologia bíblica e sobre os principais países e cidades que, ao longo dos relatos bíblicos, foram surgindo e compondo o cenário histórico onde se desenvolveram os mais fascinantes episódios da odisséia sagrada.

5.1 – Resumo Introdutório dos Livros da Bíblia

Objetivando um conhecimento amplo e ao mesmo tempo conciso dos diversos livros que compõem a Bíblia Sagrada, apresentaremos a seguir as principais informações que darão uma visão panorâmica de cada um desses livros. Para isso, veremos o número de capítulos que cada livro possui; a palavra-chave de cada livro, termo de fundamental importância para a compreensão do sentido geral do texto; o versículo-chave que, partindo da palavra-chave, fornece a orientação necessária para entendimento do texto; o assunto que, abstraído do conteúdo, auxilia no conhecimento geral do livro; a autoria, fundamental para o entendimento das idéias centrais de cada livro, uma vez que nelas se encontram as digitais (personalidade) de cada escritor e a data em que cada obra foi redigida. Em relação às datas, é pertinente mencionarmos que em grande parte das vezes elas são aproximadas, mas isso não desmerece sua função de fixação dos eventos relatados no tempo e no espaço e, por fim, o gênero literário de cada obra.

5.1.1 – Antigo Testamento

1. GÊNESIS (Gn.)
Capítulos: 50
Palavra-chave: *Começos*
Versículo-chave: 1.1
Assunto: Fundação da nação judaica
Autoria: O patriarca Moisés
Data: 1450-1410 a.C.
Gênero: Narrativa

2. ÊXODO (Êx.)
Capítulos: 40
Palavra-chave: *Partida*
Versículo-chave: 3.10
Assunto: O concerto com a nação judaica
Autoria: Moisés, o patriarca
Data: 1445-1444 a.C.
Gênero: Lei

3. LEVÍTICO (Lv.)
Capítulos: 27
Palavra-chave: *Santidade*
Versículo-chave: 10.10
Assunto: As leis
Autoria: Moisés, o patriarca
Data: 1450-1410 a.C.
Gênero: Narrativa

4. NÚMEROS (Nm.)
Capítulos: 36
Palavra-chave: *Peregrinação*

Versículo-chave: 33.2
Assunto: O retorno dos judeus para a Palestina
Autoria: Moisés, o patriarca
Data: 1450-1410 a.C.
Gênero: Narrativa

5. DEUTERONÔMIO (Dt.)
Capítulos: 34
Palavra-chave: *Lei*
Versículo-chave: 1.1
Assunto: As leis
Autoria: Moisés, o patriarca (com exceção do último capítulo)
Data: 1407-1405 a.C.
Gênero: Narrativa

6. JOSUÉ (Js.)
Capítulos: 24
Palavra-chave: *Conquista*
Versículo-chave: 1.6
Assunto: A conquista da Palestina
Autoria: Josué, o general (exceto os últimos 5 versículos)
Data: 1424 a.C.
Gênero: Narrativa

7. JUÍZES (Jz.)
Capítulos: 21
Palavra-chave: *Anarquia*
Versículo-chave: 2.16
Assunto: "Os primeiros três séculos na Palestina"
Autoria: Samuel, juiz, sacerdote e profeta
Data: 1126 a.C.
Gênero: Narrativa

8. RUTE (Rt.)
Capítulos: 4
Palavra-chave: *Redentor*
Versículo-chave: 1.16
Assunto: "Os primórdios da família messiânica de Davi"

Autoria: Samuel, juiz, sacerdote e profeta
Data: 1375-1050 a.C.
Gênero: Narrativa

9. I, II SAMUEL (I Sm., II Sm.)
Capítulos: 55
Palavra-chave: *Reino*
Versículo-chave: ISm.8.5
Assunto: Reino de Davi (estabelecimento e organização)
Autoria: Desconhecida
Data: 1050 a.C. (ISm.) e 1018 a.C. (IISm.)
Gênero: Narrativa

10. I, II REIS (IRs., IIRs.)
Capítulos: 47
Palavra-chave: *Realeza*
Versículo-chave: IRs.2.2-3
Assunto: A divisão do Reino
Autoria: Jeremias, o profeta (segundo a tradição judaica)
Data: 1015 a.C.
Gênero: Narrativa

11. I, II CRÔNICAS (ICr., IICr.)
Capítulos: 65
Palavra-chave: *Teocracia* (Governo de Deus)
Versículo-chave: IICr.1.10
Assunto: O Reino do Sul (Judá)
Autoria: Esdras, o escriba
Data: 1004 a.C.
Gênero: Narrativa

12. ESDRAS (Ed.)
Capítulos: 10
Palavra-chave: *Ensino da Palavra de Deus*
Versículo-chave: 7.10
Assunto: O retorno dos judeus do cativeiro babilônico
Autoria: Esdras, o escriba
Data: 457 a.C.

Gênero: Narrativa

13. NEEMIAS (Nm.)
Capítulos: 13
Palavra-chave: *Restauração*
Versículo-chave: 6.3
Assunto: A reconstrução de Jerusalém
Autoria: Neemias, o copeiro
Data: 445-432 a.C.
Gênero: Narrativa

14. ESTER (Et.)
Capítulos: 10
Palavra-chave: *Providência*
Versículo-chave: 4.14
Assunto: O povo judeu escapa do extermínio
Autoria: Esdras, o escriba
Data: 483-471 a.C.
Gênero: Narrativa

15. JÓ (Jó)
Capítulos: 42
Palavra-chave: *Tribulação*
Versículo-chave: 1.8
Assunto: O justo e o problema do sofrimento
Autoria: Moisés, o patriarca (quando esteve no deserto de Midiã)
Data: 1521 a.C.
Gênero: Poesia

16. SALMOS (Sl.)
Número de Salmos: 150
Palavra-chave: *Louvor*
Versículo-chave: 111.1
Assunto: O hinário nacional de Israel
Autoria: Moisés, Davi e outros
Data: 1050-975 a.C.
Gênero: Poesia

17. PROVÉRBIOS (Pv.)
Capítulos: 31
Palavra-chave: *Sabedoria*
Versículo-chave: 1.7
Assunto: A sabedoria de Salomão
Autoria: Salomão, o rei (3.000 provérbios) e outros
Data: 1000 a.C.
Gênero: Literatura de Sabedoria

18. ECLESIASTES (Ec.)
Capítulos: 12
Palavra-chave: *Vaidade*
Versículo-chave: 1.2
Assunto: Vaidade da vida humana
Autoria: Salomão, o rei
Data: 975 a.C.
Gênero: Literatura de Sabedoria

19. CANTARES (Ct.)
Capítulos: 8
Palavra-chave: *Amor*
Versículo-chave: 2.4
Assunto: A excelência do amor conjugal
Autoria: Salomão, o rei
Data: 1013 a.C.
Gênero: Poesia

20. ISAÍAS (Is.)
Capítulos: 66
Palavra-chave: *Salvação*
Versículo-chave: 53.5
Assunto: O Messias esperado
Autoria: Isaías, o profeta
Data: 780-681 a.C.
Gênero: Profecia

21. JEREMIAS (Jr.)
Capítulos: 52

Palavra-chave: *Aviso*
Versículo-chave: 9.1
Assunto: O último esforço para salvar Jerusalém
Autoria: Jeremias, o profeta
Data: 627-586 a.C.
Gênero: Profecia

22. LAMENTAÇÕES (Lm.)
Capítulos: 5
Palavra-chave: *Tristeza*
Versículo-chave: 1.1
Assunto: A desolação da cidade de Jerusalém
Autoria: Jeremias, o profeta
Data: 586 a.C.
Gênero: Poesia e Profecia

23. EZEQUIEL (Ez.)
Capítulos: 48
Palavra-chave: *Visões*
Versículo-chave: 1.3
Assunto: Saberão que Eu sou Deus
Autoria: Ezequiel, o profeta
Data: 571 a.C.
Gênero: Profecia

24. DANIEL (Dn.)
Capítulos: 12
Palavra-chave: Revelação
Versículo-chave: 6.10
Assunto: O profeta exilado em Babilônia
Autoria: Daniel, o estadista
Data: 535 a.C.
Gênero: Narrativa e Profecia

25. OSÉIAS (Os.)
Capítulos: 14
Palavra-chave: *Adultério espiritual*
Versículo-chave: 4.6

Assunto: Apostasia do povo judeu
Autoria: Oséias, o profeta
Data: 715 a.C.
Gênero: Profecia

26. JOEL (Jl.)
Capítulos: 3
Palavra-chave: *Castigo divino*
Versículo-chave: 2.1
Assunto: Profecia do derramamento do Espírito Santo
Autoria: Joel, o profeta
Data: 835-796 a.C.
Gênero: Profecia

27. AMÓS (Am.)
Capítulos: 9
Palavra-chave: *Castigo*
Versículo-chave: 6.1
Assunto: Governo de Davi
Autoria: Amós, o boiadeiro
Data: 760-750 a.C.
Gênero: Profecia

28. OBADIAS (Ob.)
Capítulos: 1
Palavra-chave: *Edom*
Versículo-chave: 1.1
Assunto: Destruição dos edomitas
Autoria: Obadias, o profeta
Data: 627-586 a.C.
Gênero: Profecia

29. JONAS (Jn.)
Capítulos: 4
Palavra-chave: *Destruição*
Versículo-chave: 3.2
Assunto: A misericórdia de Deus
Autoria: Jonas, o profeta

Data: 785-760 a.C.
Gênero: Narrativa

30. MIQUÉIAS (Mq.)
Capítulos: 7
Palavra-chave: *Idolatria*
Versículo-chave: 4.1
Assunto: Belém, cidade berço do Messias
Autoria: Miquéias, o profeta
Data: 742-687 a.C.
Gênero: Profecia

31. NAUM (Na.)
Capítulos: 3
Palavra-chave: *Fim*
Versículo-chave: 1.3
Assunto: Destruição de Nínive (capital da Assíria)
Autoria: Naum, o profeta
Data: 663-654 a.C.
Gênero: Profecia

32. HABACUQUE (Hc.)
Capítulos: 3
Palavra-chave: *Fé*
Versículo-chave: 1.13
Assunto: A vida do justo mediante a fé
Autoria: Habacuque, o profeta
Data: 621-589 a.C.
Gênero: Profecia

33. SOFONIAS (Sf.)
Capítulos: 3
Palavra-chave: *Resto*
Versículo-chave: 2.3
Assunto: Juízo, arrependimento e restauração de Israel
Autoria: Sofonias, o profeta
Data: 640-621 a.C.
Gênero: Profecia

34. AGEU (Ag.)
Capítulos: 2
Palavra-chave: *Edificação*
Versículo-chave: 1.8
Assunto: A reconstrução do Templo de Jerusalém
Autoria: Ageu, o profeta
Data: 520 a.C.
Gênero: Profecia

35. ZACARIAS (Zc.)
Capítulos: 14
Palavra-chave: *Novo Templo*
Versículo-chave: 13.1
Assunto: Visões, profecias e reconstrução
Autoria: Zacarias, o profeta
Data: 520-480 a.C.
Gênero: Profecia

36. MALAQUIAS (Ml.)
Capítulos: 4
Palavra-chave: Roubo
Versículo-chave: 3.10
Assunto: Última palavra a um povo desobediente
Autoria: Malaquias, o profeta
Data: 430 a.C.
Gênero: Profecia

5.1.2 – Novo Testamento

1. MATEUS (Mt.)
Capítulos: 28
Palavra-chave: *Reino*
Versículo-chave: 22.2
Assunto: Jesus, o Messias prometido
Autoria: Mateus, o cobrador de impostos
Data: 60-65 d.C.
Gênero: Evangelho

2. MARCOS (Mc.)
Capítulos: 16
Palavra-chave: *Serviço*
Versículo-chave: 10.45
Assunto: Jesus, o maravilhoso em poder
Autoria: João Marcos
Data: 55-65 d.C.
Gênero: Evangelho

3. LUCAS (Lc.)
Capítulos: 24
Palavra-chave: *Humanidade*
Versículo-chave: 19.10
Assunto: Jesus, o Filho do Homem
Autoria: Lucas, médico e historiador
Data: 60 d.C.
Gênero: Evangelho

4. JOÃO (Jo.)
Capítulos: 21
Palavra-chave: *Vida eterna*
Versículo-chave: 3.16
Assunto: Jesus, o Filho de Deus
Autoria: João, o pescador
Data: 85-90 d.C.
Gênero: Evangelho

5. ATOS DOS APÓSTOLOS (At.)
Capítulos: 28
Palavra-chave: *Testemunha*
Versículo-chave: 1.8
Assunto: A formação da igreja
Autoria: Lucas, o historiador
Data: 63-70 d.C.
Gênero: História

6. ROMANOS (Rm.)
Capítulos: 16

Palavra-chave: *Justiça*
Versículo-chave: 8.30
Assunto: A natureza da obra de Cristo
Autoria: Paulo, o apóstolo aos gentios
Data: 58 d.C.
Gênero: Epístola (carta)

7. I CORÍNTIOS (ICo.)
Capítulos: 16
Palavra-chave: *Templo*
Versículo-chave: 3.16
Assunto: Desordens na igreja de Corinto
Autoria: Paulo, o apóstolo aos gentios
Data: 56 d.C.
Gênero: Epístola (carta)

8. II CORÍNTIOS (IICo.)
Capítulos: 13
Palavra-chave: *Conforto*
Versículo-chave: 9.6
Assunto: Paulo defende sua chamada apostólica
Autoria: Paulo, o apóstolos aos gentios
Data: 57 d.C.
Gênero: Epístola (carta)

9. GÁLATAS (Gl.)
Capítulos: 6
Palavra-chave: *Andar*
Versículo-chave: 5.16
Assunto: A graça, não a lei
Autoria: Paulo, o apóstolo aos gentios
Data: 55-57 d.C.
Gênero: Epístola (carta)

10. EFÉSIOS (Ef.)
Capítulos: 6
Palavra-chave: *Lugares celestiais*
Versículo-chave: 3.10

Assunto: A unidade da igreja
Autoria: Paulo, o apóstolo aos gentios
Data: 61 d.C.
Gênero: Epístola (carta)

11. FILIPENSES (Fp.)
Capítulos: 4
Palavra-chave: *Ganho*
Versículo-chave: 3.7
Assunto: Missões
Autoria: Paulo, o apóstolo aos gentios
Data: 62 d.C.
Gênero: Epístola (carta)

12. COLOSSENSES (Cl.)
Capítulos: 4
Palavra-chave: *Perfeição*
Versículo-chave: 2.2
Assunto: A divindade de Jesus
Autoria: Paulo, o apóstolo aos gentios
Data: 62 d.C.
Gênero: Epístola (carta)

13. I TESSALONICENSES (ITs.)
Capítulos: 5
Palavra-chave: *A vinda*
Versículo-chave: 5.2
Assunto: A segunda vinda de Cristo
Autoria: Paulo, o apóstolo aos gentios
Data: 51 d.C.
Gênero: Epístola (carta)

14. II TESSALONICENSES (II Ts.)
Capítulos: 3
Palavra-chave: *Espera*
Versículo-chave: 3.5
Assunto: A segunda vinda de Cristo.
Autoria: Paulo, o apóstolo aos gentios

Data: 52 d.C.
Gênero: Epístola (carta)

15. I TIMÓTEO (ITm.)
Capítulos: 6
Palavra-chave: Doutrina
Versículo-chave: 4.16
Assunto: O cuidado pela igreja
Autoria: Paulo, o apóstolo aos gentios
Data: 64 d.C.
Gênero: Epístola (carta)

16. II TIMÓTEO (IITm.)
Capítulos: 4
Palavra-chave: *Resistência*
Versículo-chave: 2.3
Assunto: Conselhos finais
Autoria: Paulo, o apóstolo aos gentios
Data: 67 d.C.
Gênero: Epístola (carta)

17. TITO (Tt.)
Capítulos: 3
Palavra-chave: *Proveitoso*
Versículo-chave: 3.8
Assunto: A Igreja de Creta
Autoria: Paulo, o apóstolo aos gentios
Data: 65 d.C.
Gênero: Epístola (carta)

18. FILEMON (Fl.)
Capítulos: 1
Palavra-chave: *Receber*
Versículo-chave: 10
Assunto: A conversão de um fugitivo
Autoria: Paulo, o apóstolo aos gentios
Data: 62 d.C.
Gênero: Epístola (carta)

19. HEBREUS (Hb.)
Capítulos: 13
Palavra-chave: *Melhor*
Versículo-chave: 8.13
Assunto: Jesus, mediador de um novo e melhor concerto
Autoria: Paulo, o apóstolo aos gentios (?)
Data: 63 d.C.
Gênero: Epístola (carta)

20. TIAGO (Tg.)
Capítulos: 5
Palavra-chave: *Obras*
Versículo-chave: 2.18
Assunto: Boas obras
Autoria: Tiago
Data: 61 d.C.
Gênero: Epístola (carta)

21. I PEDRO (IPe.)
Capítulos: 5
Palavra-chave: *Precioso*
Versículo-chave: 2.7
Assunto: Carta a uma igreja perseguida
Autoria: Pedro
Data: 64 d.C.
Gênero: Epístola (carta)

22. II PEDRO (IIPe.)
Capítulos: 3
Palavra-chave: *Sabedoria*
Versículo-chave: 1.5
Assunto: A apostasia predita
Autoria: Pedro
Data: 65 d.C.
Gênero: Epístola (carta)

23. I JOÃO (IJo.)
Capítulos: 5

Palavra-chave: *Comunhão*
Versículo-chave: 1.3
Assunto: O supremo amor de Deus
Autoria: João
Data: 90-95 d.C.
Gênero: Epístola (carta)

24. II JOÃO (IIJo.)
Capítulos: 1
Palavra-chave: *Verdade*
Versículo-chave: 2
Assunto: Advertências contra os falsos mestres
Autoria: João
Data: 90-95 d.C.
Gênero: Epístola (carta)

25. III JOÃO (IIIJo.)
Capítulos: 1
Palavra-chave: *Cooperadores*
Versículo-chave: 8
Assunto: Um líder bom, um líder mau
Autoria: João
Data: 90-95 d.C.
Gênero: Epístola (carta)

26. JUDAS (Jd.)
Capítulos: 1
Palavra-chave: *Guardado*
Versículo-chave: 24
Assunto: A apostasia iminente
Autoria: Judas (irmão de Jesus)
Data: 65 d.C.
Gênero: Epístola (carta)

27. APOCALIPSE (Ap.)
Capítulos: 22
Palavra-chave: *Revelação*
Versículo-chave: 1.7

Assunto: O fim de todas as coisas
Autoria: João
Data: 96 d.C.
Gênero: Apocalíptico

5.2 – Pesos e Medidas Utilizados na Bíblia

O estudo dos pesos e medidas, tecnicamente chamado de metrologia, está virtualmente associado ao estudo introdutório das Escrituras Sagradas, uma vez que termos como côvado, estádio, denário, dracma, siclo e tantos outros, multiplicam-se e se alternam no decurso das páginas sagradas, exigindo, a toda evidência, um conhecimento mínimo do significado desses termos para uma compreensão satisfatória de determinados textos bíblicos. Afinal de contas, qual o significado da expressão "[...] *trinta moedas de prata* [...]" (Mt.27.9), referente ao Messias prometido, constante na profecia de Jeremias. Sabe-se de antemão, mediante as referências bíblicas correlatas (Am.2.6; Zc.11.12; Mt.26.15; 27.3; At.1.18), tratar-se do *preço da traição de Cristo* perpetrado por Judas Iscariotes. Entretanto, qual o sentido bíblico-teológico dessa expressão? Essa e outras questões são respondidas mediante o conhecimento da metrologia bíblica.

Por outro lado, deve-se mencionar que existe uma certa imprecisão matemática entre os judeus dos tempos bíblicos, o que torna dificultoso, mas não impossível, o trabalho com certos pesos e medidas. Segundo alguns estudiosos, a razão para isso se deve ao fato de que a contribuição dos judeus ao campo do conhecimento humano nunca foi de natureza científica e, sim, religiosa. É em virtude disso, afirmam esses pesquisadores, que a metrologia bíblica está longe de ser uma ciência exata, uma vez que é somente nos fins do século XVIII da era cristã que se estabeleceu um sistema uniformizado de aferição de pesos e medidas. Isso significa que antes dessa data o sistema metrológico (o sistema de pesos e medidas) era desorganizado. Para termos uma idéia, a confusão era tal que, nos tempos antigos, as medidas de valor mudavam de região para região, e até de cidade para cidade. Entretanto, isso não significa que não possamos estabelecer uma certa relação entre esses valores e chegarmos a uma tabela relativamente coerente da metrologia dos tempos bíblicos. Nesse sentido, propomos a seguinte tabela:

ANTIGO TESTAMENTO

PESO	VALOR MODERNO	TEXTO BÍBLICO
Talento*	35,10kg	Êx.25:39; 37:24; 38:24-29.
Mina	585g	Ez.47:12.
Siclo	11,7g	Ez.45:12;
Gera	0,571g	Lv.27:25
Beca	6,02 ou 6,04g	Êx.38:26
Arrátel	550 ou 600g	IRs.10:17
Pim ("aguilhada")	7,18g ou 7,59	ISm.13:21

* O Talento em Apocalipse 16.21 eqüivale a 40 quilogramas.

MEDIDAS LINEARES	EQUIVALENTE MODERNO
1 Largura de um dedo	¼ da largura da mão (1,85 cm)
1 Largura da mão	4 larguras de um dedo (7,4 cm)
1 Palmo	3 larguras da mão (22,2 cm)
1 Côvado	2 palmos (44,5 cm)
1 Côvado longo	7 larguras de mão (51,8 cm)
1 Côvado curto	38 cm
1 Cana 6 côvados	(2,67 m)
1 Cana longa	6 côvados longos (3,11 cm)

MEDIDAS (SECOS)	EQUIVALENTE MODERNO
1 Cabo	1,22 litros
1Gômer	2,2 litros
1 Seah	7,33 litros
1 Êfa	22 litros
1 Ômer	220 litros

MEDIDAS (LÍQUIDOS)	EQUIVALENTE MODERNO
1 Logue	0,2625 litros
1 Cabo	1,22 litros
1 Him	3,67 litros
1 Bato	22 litros
1 Coro	220 litros

NOVO TESTAMENTO

MOEDA	VALOR EM PRATA
Denário	4 gramas de prata
Dracma	3,6 gramas de prata
Siclo (4 dracmas)	14,4 gramas de prata
Libra de prata (100 dracmas)	360 gramas de prata
Talento (6.000 dracmas)	21.600 gramas de prata
Arrátel, libra	327,5 gramas de prata
Quadrante (1/64 avos de denário)	0,625 gramas de prata
Asse (1/16 avos de denário)	0,25 gramas de prata
Aureus (25 denários)	1 quilograma de prata
Estáter (4 dracmas)	14,4 gramas de prata

MEDIDAS DE CAPACIDADE	EQUIVALENTE MODERNO
Almude (Mt.5.15; Mc.4.21; Lc.11.33)	8,75 litros
Medida (Mt.13.33; Lc.13.21)	13 litros
Medida, barril (Lc.16.6)	37 litros
Medida, alqueire	370 litros
Almude (Jo.2.6)	40 litros

MEDIDAS LINEARES	METRAGEM
Côvado	45 centímetros
Braça (4 côvado)	1,80 metros
Estádio (400 côvados)	180 metros
Milha	1.480 metros
Caminho de um Sábado	1100 metros

MEDIDAS DE TEMPO	EQUIVALENTE
Hora	1/12 do Dia e 1/12 da Noite. As horas do Dia eram contadas a partir do nascer do sol e as da Noite, a partir do pôr-do-sol (Mt.20.3).
Vigília	A Noite era dividida pelos judeus em 3 vigílias distintas (Sl.63.6), cada uma com quatro horas: a 1ª vigília, do pôr-do-sol às 22:00h; a 2ª vigília, das 22:00h às 2:00h da madrugada e a 3ª vigília, das 2:00h da madrugada ao raiar do sol (Êx.14.24; Lm.2.19).
Noite	12 horas, do pôr-do-sol até o seu nascer (Gn.7.4).
Dia	12 horas, do nascer ao pôr-do-sol ; 24 horas: De um pôr-do-sol ao outro (Êx.20.8-11).
Semana	7 dias, findando no Sábado (Êx.20.10)
Mês	29 a 30 dias, começando sempre com a lua nova (Nm.28.14)
Ano	12 meses lunares (354 dias). De 3 em 3 anos acrescentava-se um mês (pela repetição do último mês) para tirar a diferença entre os 12 meses lunares e o ano solar.

MEDIDAS DE DISTÂNCIA	EQUIVALENTE
Tiro de pedra (Lc.22.41)	De 20 a 30 metros
Tiro de arco (Gn.21.16)	De 100 a 150 metros
Jornada de um Sábado (At.1.12)	888 metros
Jornada de um dia (Gn.31.23)	De 30 a 40 quilômetros
Estádio (Lc.24.13)	185 metros
Milha romana	1.479 metros

5.3 – Os Países e as Cidades do Mundo Bíblico

As Escrituras Sagradas, cuja riqueza de detalhes geográficos e fundamentação arqueológica são indiscutíveis, fornecem-nos uma vasta relação de nomes de países e cidades que, direta e indiretamente, compuseram o cenário histórico onde se desenvolveram os mais impressionantes eventos da história da salvação. Estão entre esses lugares: Assíria, Babilônia, Egito, Pérsia, Belém, Nazaré, Roma, Corinto e Tessalônica.

5.3.1 – Os Principais Países

5.3.1.1 – Assíria

A Assíria, país cuja capital era Assur, localizava-se à margem ocidental do rio Tigre ao sul da Mesopotâmia. Entre os séculos IX e VII a.C., esse país tornou-se um poderoso império que, formado pela Babilônia, Elão, Média, Síria, Palestina, Arábia, Anatólia, Egito e Cilícia, dominou o mundo bíblico. Encontramos as principais referências bíblicas desse lugar em: IIRs.15.29; 17.6; Is.7.18; 10.5; 14.25; 20.4; 30.31; 31.8; Ez.31.3; Os.8.9; Sf.2.13.

5.3.1.2 – Arábia

A Arábia, palco da peregrinação de Israel por quarenta anos (Gn.25.9), ocupava um território cujas dimensões atingiam o equivalente a um terço da área do Brasil. Nas páginas bíblicas, esse território restringe-se à porção norte, ladeando a Palestina (Is.21.13; Jr.25.24; Ez.27.21). Encontramos as principais referências bíblicas desse lugar em: IRs.10.15; IICr.9.14; Is.21.13; Gl.1.17; 4.25.

5.3.1.3 – Babilônia

A babilônia, também chamada de Acade, Sumer, Sinear e Caldéia (território dos caldeus), ocupava a terra de Sineare (Gn.10.10), território que agora é o sul do Iraque, sudoeste da Ásia. As Escrituras Sagradas localizam o Jardim do Éden (Gn.2.14), a Torre de Babel (Gn.11) e o local onde os judeus passaram setenta anos de exílio em algum ponto na Babilônia. Encontramos as principais referências bíblicas desse lugar em: IIRs.20.14; Ed.1.11; Sl.137.1; Is.13.1; 39.3; Is.48.14; Jr.25.11; Dn.4.30; Mq.4.10; Ap.18.2.

5.3.1.4 – Egito

O Egito, encravado na porção nordeste da África, limita-se ao norte pelo mar Mediterrâneo, a nordeste por Israel, a leste pelo mar Vermelho, ao sul pelo Sudão e a oeste pela Líbia. Biblicamente, os antigos egípcios eram descendentes de Cão, o filho mais novo do patriarca Noé (Gn.10). É nesse lugar que os judeus passaram quatrocentos e trinta anos como escravos, durante a XIX dinastia (governo dos Ramsés). Encontramos as principais referências bíblicas desse lugar em: Gn.37.28; 41.57; Êx.3.7; 7.3; IIRs.18.21; Sl.105.38; 106.21; Is.19.1; 30.3; Jr.37.5; Ez.29.2; 30.4; Dn.11.8; Mt.2.13; At.7.34; Ap.11.8.

5.3.1.5 – Espanha

A Espanha, um dos últimos alvos missionários do apóstolo Paulo (Rm.15.24-28), o território mais ocidental de todas as penínsulas européias, sob o ponto de vista bíblico, corresponde não apenas ao território como o conhecemos hoje, mas também o espaço geográfico que atualmente pertence a Portugal. A cidade de Társis, mencionada no livro de Jonas (1.3; 4.2), ficava ao sul da Espanha. Encontramos as principais referências bíblicas desse lugar em: Rm.15.24, 28.

5.3.1.6 – Etiópia

A Etiópia, conhecida nas Escrituras como Terra de Cuse (Gn.2.13), localizava-se ao norte da Mesopotâmia, região que hoje compreende a Abissínia e a Somália. Os etíopes do Novo Testamento pertenciam a uma raça Núbia que habitava a região do rio Nilo, portanto, egípcios. Encontramos as principais referências bíblicas desse lugar em: Et.1.1; Sl.68.31; Is.18.1; Ez.30.4.

5.3.1.7 – Fenícia

A Fenícia, uma estreita faixa de terra entre o Mediterrâneo (ao sul), a cordilheira da Síria (ao leste), Palestina (ao sul) e Síria (ao norte), conhecida mundialmente por sua indústria de tintura de púrpura, foi um dos países para onde migraram muitos dos cristãos vítimas de perseguição religiosa (At.11.19). Os fenícios eram peritos em fundir, moldar e cinzelar objetos de ouro e de prata, além de esculpir madeira, marfim e vidro. Na época de Davi e Salomão, esse povo era famoso pela habilidade de talhar de pedras utilizadas na construção civil. Encontramos as principais referências bíblicas desse lugar em: At.11.19; 15.3; 21.2.

5.3.1.8 – Filístia

A Filístia, território de apenas cem quilômetros de extensão e muito menos que isso de largura, abrigava as cidades de Azoto, Gaza, Gate, Ascalom e Ecrom. Entre 1200 e 1000 a.C., os filisteus (como eram chamados os habitantes da Filístia) foram os principais inimigos do povo de Israel. Encontramos as principais referências bíblicas desse lugar em: Jz.13.1; 14.3; ISm.4.1; 6.1; 7.10; 13.5; 14.4; 17.49; 27.7; 29.1; 31.1; IISm.5.17; ICr.14.8; Jr.47.1; Ez.25.16; Sf.2.5.

5.3.1.9 – Grécia

A Grécia, localizada a oeste da atual Turquia (banhada pelo Mediterrâneo), tornou-se o centro da cultura mundial por vários séculos. O idioma, o grego koinê, grego comum, tornou-se a língua franca de todo o período greco-romano por um espaço de cinco séculos. É em virtude da universalidade da língua grega, que o Novo Testamento foi inteiramente escrito nesse idioma. Encontramos as principais referências bíblicas desse lugar em: Dn.8.21; 10.20; 11.2; Zc.9.13; At.20.2.

5.3.1.10 – Itália

A Itália, situada ao sul da Europa e banhada pelo mar Mediterrâneo, é mencionada pela primeira vez em Números (24.24) e Ezequiel (27.6), onde aparece, segundo a tradução de Jerônimo, com o nome de Quintim e seus habitantes "quiteus". Nesse lugar, Paulo pregou como prisioneiro. Em Isaías (66.19), aparece com o nome de Tubal. Encontramos as principais referências bíblicas desse lugar em: At.18.2; 27.1,6; Hb.13.24.

5.3.1.11 – Macedônia

A região identificada nas Escrituras como Macedônia refere-se a uma região do suleste europeu, ao sul da península dos Balcãs e às margens do mar Egeu, uma região que hoje é ocupada pela Grécia, Iugoslávia e

Bulgária. Foi nessa região que Paulo desenvolveu a maior parte de seu ministério. Encontramos as principais referências bíblicas desse lugar em: At.16.9,10,12; 18.5; 19.21-22; Rm.15.26; ICo.16.5; IICo.1.16; 2.13; Fp.4.15; ITs.1.7-8; 4.10; Tt.1.3.

5.3.1.12 – Pérsia

A Pérsia (terra dos arianos), atual Irã, situada ao norte pela ex-União Soviética e o mar Cáspio, ao sul pelos Golfos Pérsico e Omã, a oeste pelo Iraque e Turquia, a leste pelo Afeganistão e Paquistão, foi o país responsável pelo retorno dos judeus, exilados na Babilônia, para a Palestina (Es.1.2-3). Ciro III, considerado pelos historiadores o verdadeiro fundador do império persa, derrotou Astíages e incorporou à Pérsia o território da Média, resultando, assim, num império conjunto de medos e persas. Esse acontecimento transformou esse local em cenário histórico mundial. Encontramos as principais referências bíblicas desse lugar em: IICr.36.20; Et.1.3; Is.13.17; Dn.5.28; 6.8; 11.2.

5.3.1.13 – Síria

Também conhecida como Arã, a Síria limita-se ao sudeste pela Armênia, ao leste pela Ásia Menor do Mediterrâneo, ao norte pela Palestina e a oeste pela Assíria. Na Tabela das Nações (Gn.10), os arameus (os sírios) aparecem como descendentes de Arã, filho de Sem, um dos filhos de Noé. Encontramos as principais referências bíblicas desse lugar em: Dt.26.5; IISm.8.6; ICr.18.6; Is.7.2; Mt.4.24; At.15.41; 18.18.

5.3.2 – As Principais Cidades

5.3.2.1 – Atenas

Atenas, cidade mundialmente conhecida como centro cultural da antigüidade, ficou famosa por sua filosofia, arquitetura e arte. Dentre as três cidades universitárias, ao lado de Alexandria e Tarso, foi a cidade que mais se destacou. Esse local, capital da província da Ásia, na Ásia Menor, foi cenário de um grande trabalho desenvolvido pelo apóstolo Paulo (At.19.8-10). Encontramos as principais referências bíblicas desse lugar em: At.17.15; ITs.3.1.

5.3.2.2 – Belém

Belém, uma das cidades mais conhecidas do Novo Testamento, atualmente localizada a onze quilômetros a nordeste de Nazaré, atingiu seu ponto culminante na história quando o Messias ali nasceu (Mt.2.1). Conhecida também como Efrata (Gn.35.19; 48.7), recebeu também a designação de Belém de Efrata na profecia de Miquéias (5.2). Encontramos as principais referências bíblicas desse lugar em: Gn.35.19; ISm.16.4; Mq.5.2; Mt.2.1; 2.6,16; Lc.2.4,15; Jo.7.42.

5.3.2.3 – Betânia

Betânia (casa das tâmaras), cidade distante aproximadamente 15 quilômetros de Jerusalém, na vertente oriental do monte das Oliveiras, foi a cidade onde residiu a família de Lázaro, que, com freqüência, recebia a visita de Jesus em sua passagem por Jerusalém. Ali Jesus realizou um dos milagres mais impressionantes de seu ministério: a ressurreição de Lázaro, após quatro dias do sepultamento (Jo.11). Encontramos as principais referências bíblicas desse lugar em: Mt.21.17; 26.6; Mc.11.1; 14.3; Lc.19.29; 24.50; Jo.1.18, 28; 11.1,18; 12.1.

5.3.2.4 – Betel

Betel (a Casa de Deus) ficava a dezoito quilômetros ao norte da cidade de Jerusalém. Mesmo não sendo mencionada no Novo Testamento é possível que Jesus tenha visitado essa cidade durante suas viagens, afinal de contas tratava-se de um lugar sagrado para judeus, quase tão importante quanto a cidade de Jerusalém. Encontramos as principais referências bíblicas desse lugar em: Gn.28.19; 31.13; 35.1; Jz.1.22; IRs.12.29; IIRs.2.3; 17.28; 23.15; Os.12.4; Am.5.5; 7.13.

5.3.2.5 – Betfagé

Betfagé, situada no monte das Oliveiras, perto de Jerusalém e Betânia, essa pequena cidade consta no relato sobre a ida de Jesus a Jerusalém, e como o ponto do qual Ele enviou seus discípulos para conseguirem o jumento no qual montou na Sua entrada triunfal na cidade. Encontramos as principais referências bíblicas desse lugar em: Mt.21.1; Mc.11.1,2; Lc.19.29,30.

5.3.2.6 – Damasco

Damasco, capital da Síria (Is.7.8), localizava-se a nordeste do monte Hermom. Atualmente essa cidade faz parte dos domínios árabes (desde 636 d.C.). É nessa cidade que Paulo teve sua experiência com o

Cristo ressurrecto (At.9.1ss). Encontramos as principais referências bíblicas desse lugar em: ICr.18.6; Is.7.8; 17.1; Jr.49.23; Am.1.3; At.9.2; 22.5; IICo.11.32; Gl.1.17.

5.3.2.7 – Harã

Harã, foi a cidade onde Abraão habitou até a morte de seu pai, Terá (Gn.11.31-32), estava localizada a trinta e dois quilômetros a suleste de Urfa, às margens do rio Balique, um tributário do rio Eufrates. Segundo informações, nos tempos antigos, essa cidade, em virtude de sua posição geográfica, ocupava um lugar de destaque nas relações comerciais. Encontramos as principais referências bíblicas desse lugar em: Gn.11.31; 27.43; At.7.4.

5.3.2.8 – Jericó

Jericó, cidade situada, a uns mil e cem metros abaixo do nível do mar, no vale do Jordão, tinha e continua tendo um clima subtropical, propício para o cultivo de laranja, banana e figo. No Antigo Testamento, essa cidade aparece como a primeira cidade a ser conquistada pelos israelitas (Nm.22.1; Jo.6.1,24-25). Nos tempos de Jesus, esse local era um importante centro comercial, destacado pela fabricação de bálsamo. Foi nessa região que Jesus deu seus últimos passos na jornada ministerial. Encontramos as principais referências bíblicas desse lugar em: Js.6.2; 6.26; IRs.16.34; IIRs.2.5; Mt.20.29; Mc.10.46; Lc.10.30; 18.35; 19.1; Hb.11.30.

5.3.2.9 – Jerusalém

Situada aproximadamente a cinqüenta e cinco quilômetros a leste do mar Mediterrâneo, e a uns vinte e quatro quilômetros ao oeste do extremo norte do mar Morto, Jerusalém ocupa uma região árida, de formação calcária. Uma das mais antigas cidades do mundo, Jerusalém é mencionada pela primeira vez nas Sagradas Escrituras em Gênesis 14.18, onde é chamada de "Shalém" ("Paz"). Nas cartas de Amarna (correspondências enviadas pelos governantes cananeus aos egípcios, por ocasião da conquista de Canaã pelos israelitas na época de Josué), Jerusalém é chamada de "Urusalim" que significa "Cidade de Paz". Recebe ainda, ao longo dos textos sagrados, diversos nomes, tais como: Cidade do Senhor (Is.60.14), Vila do Grandioso Rei (Sl.48.2, Mt.5.35), Sião (Is.33.20) e Cidade Santa (Ne.11.1; Is.48.2; 52.1; Mt.4.5). Tornando-se a capital de Israel a partir do reinado de Davi (IISm.5.6-8; Cr.11.4-9), Jerusalém atravessou a história como símbolo nacional e cidade do Deus vivo (Hb.12.22). Algumas referências acerca de Jerusalém podem ser encontradas em: Gn.14.18; Js.15.63; I Cr.21.15; Sl.137.5; Is.52.1; Jl.3.17; Lc.24.47; Hb.12.22; Ap.21.10.

5.3.2.10 – Nazaré

Nazaré, localizada a trinta e dois quilômetros das margens do Mediterrâneo, vinte e quatro quilômetros do mar da Galiléia, cento e treze quilômetros ao norte de Belém e de treze quilômetros da planície de Esdrelom, nunca é mencionada no Antigo Testamento, entretanto ficou conhecida pelo fato de ter rejeitado o Messias (Jo.1.11). Isso fez com que o Salvador recebesse o título (pejorativo) de "Jesus de Nazaré". Encontramos as principais referências bíblicas desse lugar em: Mt.2.23; Lc.1.26; 4.16; Jo.1.46.

5.3.2.11 – Nínive

Nínive, capital da Assíria, estava localizada à margem oriental do rio Tigre, diante da moderna cidade de Mosul, norte do Iraque (Gn.10.11; Jn.3.1). Foi para essa cidade que o profeta Jonas foi enviado com o objetivo de apregoar o arrependimento e a conversão como requisitos indispensáveis para evitar a destruição da cidade (Jn:3:1). Encontramos as principais referências bíblicas desse lugar em: Jn.1.2; 3.2, 14; Na.1.1; 3.7; Sf.2.13.

5.3.2.12 – Roma

Roma, capital do Império Romano, fundada por dois irmãos, Rômulo e Remo, em 753 a.C., foi capital política e cultural do mundo por vários séculos. Nos assuntos internacionais, essa cidade atingiu seu apogeu com o governo dos Césares. Foi lá que Paulo foi morto por decapitação. Encontramos as principais referências bíblicas desse lugar em: At.18.2; 19.21; 23.11; 28.16; Rm.1.7,15; IITm.1.17.

5.3.2.13 – Sidom

Sidom, mencionada cerca de doze vezes no Novo Testamento e uma única vez no Antigo, localizada a quarenta e oito quilômetros ao sul da atual Beirute e a mesma distância ao norte de Tiro, foi uma das mais importantes cidades da Fenícia, mencionada no Novo Testamento. Foi nesse local que Jesus realizou sua única missão fora das fronteiras da Palestina. Encontramos as principais referências bíblicas desse lugar em: Gn.10.15,19; Mt.11.21,22; 15.21; Mc.3.8; 7.24,31; Lc.4.26; 6.17; 10.13,14; At.12.20; 27.3.

5.3.2.14 – Tiro

Tiro (rocha), localizada a quarenta quilômetros ao sul do porto de Sidom e a vinte e quatro quilômetros ao norte da fronteira entre o Líbano e Israel, foi uma cidade portuária (Is.23.1,7). Aparece na literatura histórica pela primeira vez por volta de 1467 a.C., após a conquista da Terra Prometida. Durante o ministério de Jesus na Galiléia, muitas pessoas das proximidades de Tiro e de Sidom se reuniram para ouvir a mensagem do Messias e receber a cura para as enfermidades (Mc.3.8-10; Lc.6.17-19). Encontramos as principais referências bíblicas desse lugar em: Is.23.1; Ez.26.3; 28.2; Am.1.9; Mt.11.21; Lc.10.13; At.12.20; 21.3.

5.3.2.15 – Ur

A cidade de Ur, também denominada Ur dos Caldeus, ficava próxima de Harã, ao sul da atual Turquia. Nos tempos dos sumérios, era uma cidade florescente, que dominava todo o sul da Babilônia. Cidade portuária, os comerciantes de Ur negociavam, através do golfo pérsico, com países distantes como a Índia e o continente africano. Era a cidade natal do patriarca Abraão. Encontramos as principais referências bíblicas desse lugar em: Gn.11.28, 31; 15.7; Ne.9.7.

Questão para Reflexão

É impossível não vislumbrar as mãos de Deus nas páginas de Suas Escrituras. Em cada livro, em cada epístola, o toque de Suas mãos e o perfume de Sua majestosa presença facilmente se fazem sentir. Há como negar essa verdade? Por quê?

Conclusão

Esta série de estudos e reflexões sobre as Escrituras Sagradas nos permitiu ter uma clara compreensão acerca dos diversos elementos - humanos e divinos - que contribuíram para composição da Bíblia. Durante o trajeto que fizemos até aqui, pudemos perceber a ação sobrenatural de Deus, tanto na história e cultura, quanto na experiência de vida de cada autor que, direta e indiretamente, contribuiu para composição dos textos sagrados. Esse entendimento mais amplo, adquirido não apenas pela simples leitura de suas páginas, mas pela aproximação devocional e consciente de que as palavras contidas ali retratam a plena vontade de Deus aos homens, constitui a essência legitimadora e diferencial das Escrituras Sagradas.

A Bíblia, como percebemos desde o início desse estudo, mesmo ante os ataques daqueles que não a aceitaram e as investidas dos que tentaram impedir sua circulação, permanece a mesma - a soberana vontade de Deus através da palavra escrita, regra de fé e prática para toda a cristandade em todos os tempos.

Questionário das Unidades

UNIDADE I

Capítulo 1
As Origens

Coloque "V" para Verdadeiro e "F" para Falso.
1. ( ) A palavra "Bíblia" é de origem grega e significa "livros".
2. ( ) Na antigüidade Biblos não passava de um pequeno vilarejo sem nenhuma importância para o contexto econômico e cultural da época.
3. ( ) A Bíblia Hebraica, conhecida como "Tanack", segue a mesma divisão citada por Jesus em Lc.24.44, ou seja, a Lei, os Profetas e os Salmos.
4. ( ) Quando nos referimos a "Livro", no contexto da antigüidade, não estamos nos referindo às páginas cortadas e costuradas de um lado tal como conhecemos hoje, mas à sucessão de folhas de papiro coladas umas às outras, sem ângulo reto, formando grandes extensões.

Capítulo 2
Origem e Relevância dos Idiomas Bíblicos

Associe a Segunda coluna de acordo com a primeira.

(1) O idioma semítico.
(2) O aramaico.
(3) O hebraico.
(4) O koinê.
(5) A Torah.

( ) Deus forjou o idioma na solidão dos desertos, no fogo das perseguições, nas lágrimas de Seus santos e nas alegrias de Seu povo, para ser a espada da comunicação divina.

( ) Idioma que o patriarca Abraão trouxe para a Palestina por ocasião de sua saída de Ur dos caldeus, e muito diferente daquele que Moisés falava.

( ) A utilização desse idioma na composição do Antigo Testamento foi bem sutil, ou seja, poucos versículos estão escritos nesta língua.

( ) Depois do exílio babilônico, a leitura dessa obra, que anteriormente era feita em hebraico, passou a ser feita também em aramaico.

( ) Significa "comum", idioma falado entre 300 a.C. e 330 d.C., e difundido por Alexandre, o Grande, durante seus conquistas militares.

Capítulo 3
As Origens dos Materiais Utilizados nos Manuscritos

Material de escrita feito a partir de peles de filhotes de bezerro, cabritinho ou cordeiros natimortos; seu uso estendeu-se até a invenção da impressão. A que material de escrita estamos nos referindo?
1. ( ) Papiro.
2. ( ) Madeira.
3. ( ) Velino.
4. ( ) Pergaminho.
5. ( ) Óstraco.
6. ( ) Papel

Capítulo 4
A Necessidade de uma Coletânea Canônica

Segundo afirmamos neste capítulo, é precisamente quando Deus silencia ou quando Sua voz não é ouvida, que nascem as mais absurdas idéias (Pv.29.18), desde o mais inofensivo pensamento às mais aberrantes heresias. Marque a baixo as cinco (05) categorias que formam os chamados Livros Pseudepígrafos:
1. ( ) Didáticos.
2. ( ) Proféticos.
3. ( ) Históricos.
4. ( ) Lendários.
5. ( ) Provérbios.
6. ( ) Salmos.
7. ( ) Apocalípticos.
8. ( ) Poéticos.

Capítulo 5
O Cânon Sagrado: Origem, Processo e Desenvolvimento

Quando falamos que acreditamos que o Espírito Santo presidiu a formação de cada um dos livros sagrados, responsabilizando-se pela seleção e incorporação dos mesmos à Coleção Canônica, e que a igreja lançou mão de uma série de procedimentos para que tivesse a plena certeza de que os livros que entrariam para o Cânon seriam exatamente aqueles escritos pelos verdadeiros patriarcas, profetas e discípulos de Cristo, estamos nos referindo a quais princípios?
1. ( ) Princípio da Autoridade Profética e Princípio da Confiabilidade.
2. ( ) Princípio da Autoridade e Princípio da Segurança.
3. ( ) Princípio Espiritual e Princípio Histórico.
4. ( ) Princípio Histórico e Princípio Canônico.

UNIDADE II

Capítulo 1
Inspiração Bíblica Propriamente Dita

Preencha as lacunas abaixo:
1. "[...] a _____ das Escrituras Sagradas resume o propósito da _____ de Deus aos homens tornando a _____ um livro singular em sua natureza".
2. "[...] sem a _____ do Espírito Santo é impossível ao _____ tomar consciência de Deus e de _____ Seus mistério e desígnios [...]".
3. "[...] a _____ pode ser empregada num contexto restrito dos escritores sagrados, ou seja, os autores da Bíblia foram _____ com um profunda percepção religiosa que lhes dava condições de _____ o que Deus desejava que fosse escrito".
4. "[...] contrariamente a afirmação de que a inspiração resume a totalidade do propósito da _____ contida na Bíblia Sagrada, existem teorias que divergem entre si em relação a essa verdade, são elas: _____ , _____ , _____ e _____".

Capítulo 2
Inspiração: Particularidades e Provas

Coloque "V" para verdadeiro e "F" para falso.
1. (　) A descoberta dos manuscritos do mar Morto, em 1947, se constitui o maior achado arqueológico do século XX.
2. (　) Quando falamos de exatidão textual não devemos imaginar a plena ausência de falhas, isso porque erros pontuais podem ser encontrados em alguns manuscritos, e, quanto mais recente for o manuscrito, maior a possibilidade de haver ocorrido falhas no decorrer de sua transcrição.
3. (　) Os escribas, ao fazerem a transcrição (cópias) dos manuscritos, o fazem com minuciosa cautela e fidelidade.
4. (　) Os massoretas eram um grupo de escribas que tinham a responsabilidade de zelar pelas Escrituras Sagradas.

Capítulo 3
A Inspiração do Antigo e Novo Testamento

Associe a segunda coluna de acordo com a primeira.

(1) A função profética.
(2) Os fatores que comprovam a inspiração dos autores sacros.
(3) A designação do Antigo Testamento nas página do Novo Testamento.
(4) A rede seqüencial redativa.
(5) A Dispensação da Graça

( ) Instaurada com o nascimento de Cristo e inaugurada por ocasião do derramamento do Espírito Santo no dia de Pentecostes.
( ) Foi imprescindível no registro e transmissão dos textos do Antigo Testamento.
( ) Cada um dos escritores é visto, e entendido, como que dando continuidade à redação feita pelo seu antecessor imediato.
( ) Confiança nas palavras do próprio Jesus, experiência transformadora e instrumentalidade.
( ) Palavra de Deus, Oráculos de Deus, Escrituras, Moisés e os Profetas, Lei e os Profetas.

Capítulo 4
Inspiração Bíblica e as Diversas Teorias

Segundo estudamos neste capítulo, a Teoria Modernista postula que a Bíblia Sagrada é meramente um receptáculo da Palavra de Deus, ou seja, a Bíblia não é a Palavra de Deus, ela tão somente a contém. Responda, escolhendo uma das alternativas elencadas abaixo, a qual teoria sobre a inspiração bíblica a presente teoria se opõe?
1. ( ) À Teoria Neo-Ortodoxa.
2. ( ) À Teoria Ortodoxa.
3. ( ) À Teoria Modernista.
4. ( ) À nenhuma das teoria citadas acima.

Capítulo 5
Inspiração Verbal Plenária

Assinalando umas das alternativas abaixo, responda: Onde incide a inspiração a divina?
1. ( ) Nas cópias redigidas pelos escribas do Antigo Testamento.
2. ( ) Nos autores sagrados, como pessoas, de ambos os Testamentos.
3. ( ) Nos autógrafos, tanto do Antigo quanto do Novo Testamento.
4. ( ) Nos rascunhos feitos pelos autores sacros.

UNIDADE III

Capítulo 1
Apócrifos: Fruto da Obscuridade

Coloque "V" para Verdadeiro e "F" para falso.
1. ( ) A palavra "apócrifo" provem do termo grego "apókryfos", e significa literalmente "Ausente".
2. ( ) "Apócrifo", termo de origem grega, significa literalmente "coisa escondida".
3. ( ) O termo "apócrifo" aparece três vezes nas Escrituras Sagradas: Mc.4.22; Lc.8.17 e Cl.2.3.
4. ( ) É a partir do século IV d.C. que o termo "apócrifo" aparece nos textos bíblicos.

Capítulo 2
Apócrifos do Antigo Testamento

Segundo estudamos neste capítulo, os livros apócrifos do Antigo Testamento foram redigidos durante o chamado Período Interbíblico. Responda: Quais os livros que foram incluídos na versão Septuaginta durante sua tradução?
1. ( ) Sabedoria de Salomão, Eclesiástico, Tobias, Judite, I Esdras, I e II Macabeus, Baruque, Epístola de Jeremias, II Esdras, Ester, Oração de Azarias, Susana, Bel e o Dragão e a Oração de Manassés.
2. ( ) Sabedoria de Salomão, Eclesiástico, Hinos de José, Tobias, Esdras,

Naum, Bel e o Dragão, Susana, Oração de Manassés, Oração de Azarias, Sonhos de Jacó.
3. ( ) Sabedoria de Salomão, Eclesiástico, Tobias, Judite, I Esdras, I e II Macabeus, Baruque, Epístola de Jeremias, II Esdras, Ester, Salmos, Oração de Azarias, II Reis, Susana, Bel e o Dragão e a Oração de Manassés.

Capítulo 3
Apócrifos do Novo Testamento

Assinalando uma das alternativas abaixo, responda: Qual o grande problema (e existem outros!) das narrativas apócrifas?
1. ( ) Não corresponder com as expectativas da comunidade cristã primitiva.
2. ( ) Tentar se igualar às Escrituras Canônicas.
3. ( ) Não trazer uma esperança escatológica para a igreja moderna.
4. ( ) Tentar descrever, com riquezas de detalhes, fatos omitidos pelas Escrituras.

Capítulo 4
A Igreja e os Apócrifos

Segundo afirmamos neste capítulo, o termo "ágrafo" é de origem grega, significando literalmente coisa não-escrita. Responda, assinalando uma das alternativas abaixo: O que este termo significa na prática?
1. ( ) Significa que possíveis declarações de Jesus não foram registradas nos evangelhos e nas epístolas.
2. ( ) Significa que existem informações que não são relevantes a ponto de serem registradas pelos apóstolos-escritores.
3. ( ) Significa que os evangelhos não são, na verdade, parte do Cânon Sagrado.
4. ( ) Significa que os evangelistas ocultaram fatos importantes da vida de Cristo.

Capítulo 5
Livros Desaparecidos e Outros Apócrifos

Assinalando uma das alternativas abaixo, responda: O que são "Livros Desaparecidos"?
1. ( ) São livros que, por alguma razão, foram tirados do Cânon.
2. ( ) São livros que nada trazem de novo sobre o conhecimento do conteúdo dos textos apócrifos.
3. ( ) São livros cujo conteúdo é um mistério, entretanto, a moderna arqueologia trouxe vestígios de sua historicidade.
4. ( ) São livros cujo conteúdo é um mistério e nenhum vestígio de sua historicidade foi encontrado pela moderna arqueologia.

UNIDADE IV

Capítulo 1
Os Manuscritos do Antigo Testamento

Associe a segunda coluna de acordo com a primeira.
(1) Isaías.
(2) Unicial.
(3) Talmude.
(4) Massoretas.
(5) Palimpsestus.

( ) É considerado o mais antigo manuscrito já encontrado. Com cerca de 7,34 m de comprimento e aproximadamente 0,26 m de largura, foi encontrado em uma das caverna de Qumran.
( ) Era assim chamados em virtude do processo de raspagem pelo qual passavam antes de serem utilizados.
( ) Significando "letra em caixa alta", refere-se aos textos que foram escritos com letras maiúsculas.
( ) Eram tão cuidadosos em seu trabalho de preservação e transmissão dos manuscritos hebraicos que chegavam a contar o número de vezes que cada letra do alfabeto aparecia em cada livro.
( ) Coletânea de preceitos rabínicos, de decisões legais e comentários a respeito da legislação mosaica.

Capítulo 2
Os Manuscritos do Novo Testamento

Dentre as alternativas alistadas abaixo, marque aquelas que correspondem aos quatro períodos de redação e transmissão das Escrituras.
( ) Constantino era imperador nesta época. A igreja era vista como uma seita saída do Judaísmo.
( ) Nesta ocasião, Martinho Lutero afixou suas 95 teses na porta da ca tedral de Wittenberg.
( ) Foi marcado pela produção dos manuscritos em larga escala (IV d.C. a V d.C.).
( ) Os monges assumiram a responsabilidade pela transmissão dos textos.
( ) Século X d.C.
( ) Séculos XII d.C. e XV d.C.

Capítulo 3
As Principais Traduções

Associe a segunda coluna de acordo com a primeira.
(1) Tradução.
(2) Hexapla.
(3) Tradução Livre.
(4) Tradução Literal.
(5) Septuaginta.

( ) É a transposição de uma obra literária de um idioma para outro idioma.
( ) É a transcrição de um determinado texto, originalmente escrito em um idioma, para um outro idioma sem que haja a preocupação de se traduzir os signos lingüísticos (as palavras) na mesma ordem em que estão dispostos.
( ) Significa literalmente "Setenta".
( ) É a transcrição de um determinado texto, originalmente escrito em um idioma, para outro idioma tendo o tradutor a preocupação com os fonemas. É converter os signos, de forma inteligível e obedecendo a adequação vocabular.
( ) Feito por Orígenes, em 228 d.C., tinha por objetivo corrigir as falhas deixadas pela Tradução Septuaginta.

Capítulo 4
Verdades e Mentiras Sobra a Crítica Bíblica

Coloque "V" para verdadeiro e "F" para falso.
1. ( ) A Crítica da Redação tem como objetivo analisar a motivação teológica dos escritores, procurando determinar o ponto de vista teológico de cada um deles.
2. ( ) A Crítica da Redação, assim como a Crítica da Forma, a Crítica Literária e a Crítica Textual, fazem parte da chamada "Baixa Crítica".
3. ( ) A Crítica da Forma tem como tarefa primordial desvelar os motivos que estão por trás da coleta, desenvolvimento e registro das perícopes.
4. ( ) A Crítica, em termos gerais, só se torna danosa quando motivada por uma mente cética, conduzida por aqueles cujo único desejo é negar e destruir a fé.

Capítulo 5
A Bíblia: Resumos e Dados Auxiliares

Associe a segunda coluna de acordo com a primeira.
(1) Fenícia.
(2) Assíria.
(3) Síria.
(4) Itália.
(5) Egito.

( ) Localiza-se a noroeste da África. Os judeus passaram quatrocentos e trinta nos como escravos.
( ) Tem a Palestina ao sul e a Síria ao norte. Era mundialmente conhecida por sua indústria de tinta de púrpura.
( ) Banhada pelo mediterrâneo. Localiza-se ao sul da Europa. O apóstolo Paulo pregou como prisioneiro durante uma de suas viagens missionárias.
( ) Tornou-se um poderoso império que, na época, contava com a Babilônia, o Elão, a Média, a Síria, a Palestina, a Arábia, a Anatólia, o Egito e a Cilícia.
( ) Era conhecida como "Arã". Tinha como países vizinhos a Armênia, a Assíria e o território da Palestina.

Referências Bibliográficas

ARCHER, Gleason L. *Merece Confiança o Antigo Testamento?* São Paulo: Vida Nova, 4ª Edição, 1986.

BACON, Betty. *Estudos na Língua Hebraica*. São Paulo: Vida Nova, 1ª Edição, 1991.

BANCROFT, Emery H. *Teologia Elementar*. São Paulo: Imprensa Batista Regular – IBR., 1ª Edição, 1966.

BARTH, Karl. *Carta aos Romanos*. São Paulo: Editora Novo Século, 1ª Edição, 2003.

BERKHOF, Louis. *A História das Doutrinas Cristãs*. São Paulo: Publicações Evangélicas Selecionadas – P.E.S., 1ª Edição.

BOICE, James Montgomery. *O Alicerce da Autoridade Bíblica*. São Paulo: Edições Vida Nova, 1ª Edição, 1982.

BORCHERT, Otto. *O Jesus Histórico*. São Paulo: Editora Vida Nova, 1ª Edição.

BRUCE, F. F. *Merece Confiança o Novo Testamento?* São Paulo: Editora Vida Nova, 2ª Edição, 1990.

BUCKLAND, A. R. *Dicionário Bíblico Universal*. São Paulo: Editora Vida, 1ª Edição, 1981.

CAIRNS, Earle E. *O Cristianismo Através dos Séculos*. São Paulo: Editora Vida Nova, 2ª Edição, 1988.

CHAMPLIN, Russell Norman / BENTES, João Marques. *Enciclopédia de Bíblia, Teologia e Filosofia*. São Paulo: Editora Candeia, 1ª Edição, 1991.

CUNHA, Wagner S. *"O Código da Bíblia: o truque de Michael Drosnin"* in: *Defesa da Fé*, São Paulo: ICP., n° 18, ano III, Janeiro de 2000.

ERICKSON, Millard J. *Conciso Dicionário de Teologia Cristã*. Rio de Janeiro: Editora JUERP, 1ª Edição, 1991.

GEISLER, Norman / NIX, William. *Introdução Bíblica*. São Paulo: Editora Vida, 1ª Edição, 1997.

GRUDEM, Wayne. *Teologia Sistemática*. São Paulo, SP., Editora Vida Nova, 1ª Edição, 1999 (1046 páginas).

HARRIS, R. Laird / ARCHER, Gleason L. / WALTKE, Bruce K. *Dicionário Internacional de Teologia do Antigo Testamento*. São Paulo: Editora Vida Nova, 1ª Edição, 1998.

HODGE, Charles. *Teologia Sistemática*. São Paulo: Editora Hagnos, 1ª Edição, 2001.

HOFF, Paul. *Os Livros Históricos*. São Paulo: Editora Vida, 1ª Edição, 1996.

LADD, George Eldon. *Apocalipse: Introdução e comentário*. São Paulo: Editora Vida Nova, 1ª Edição, 1980.

MARSHALL, I. Howard. *Atos: Introdução e comentário*. São Paulo: Editora Mundo Cristão, 1ª Edição, 1982.

McDOWELL, Josh. *Evidência que Exige um Veredito*. São Paulo: Editora Candeia, 2ª Edição, 1992.

McDOWELL, Josh / WILSON, Bill. *Ele Andou Entre Nós*. São Paulo: Editora Candeia, 1ª Edição, 1995.

MENZIES, William W. / HORTON, Stanley M. *Doutrinas Bíblicas: uma perspectiva pentecostal*. Rio de Janeiro: CPAD, 1ª Edição, 1995.

MILES, Jack. *Deus: uma Biografia*. São Paulo: CIA das Letras, 1ª Edição, 1997.

ORRÚ, Gervásio F. *Os Manuscritos de Qumran e o Novo Testamento*. São Paulo: Editora Vida Nova, 1ª Edição, 1993.

PACK, Frank. *O Evangelho Segundo João*. São Paulo: Editora Vida Cristã, 1ª Edição, 1983.

PEARLMAN, Myer. *Conhecendo as Doutrinas da Bíblia*. São Paulo: Editora Vida, 9ª Edição, 1985.

RIENECKER, Fritz / ROGERS, Cleon. *Chave Lingüística do Novo Testamento Grego*. São Paulo: Edições Vida Nova, 1ª Edição, 1985.

TAYLOR, William Carey. *Dicionário do Novo Testamento Grego*. Rio de Janeiro: Editora JUERP, 9ª Edição, 1991.

TOGNINI, Enéas. *O Período Interbíblico*. São Paulo: Louvores do Coração, 6ª Edição, 1987.

THIESSEN, Henry Clarence. *Palestras em Teologia Sistemática*. São Paulo: Editora IBR, 1ª Edição, 1987.

THIEDE, Carsten Peter / D'ANCONA, Matthew. *Testemunha Ocular de Jesus*. Rio de Janeiro: Imago, 1ª Edição, 1995.

Bíblia Sagrada (Nova Tradução na Linguagem de Hoje). São Paulo: Sociedade Bíblica do Brasil – SBB.,1ª Edição, 2000.

Bíblia de Estudo Indutivo (Almeida Corrigida). São Paulo: Editora Vida, 1ª Edição, 1995.

Bíblia de Estudo Pentecostal (Tradução João Ferreira de Almeida Revista e Corrigida). Rio de Janeiro: Editora CPAD, 1ª Edição, 1995.

Bíblia Vida Nova (Tradução de João Ferreira de Almeida Revista e Atualizada). São Paulo: Editora Vida Nova, 15ª Edição, 1991.

Impressão e acabamento
Imprensa da Fé